文部科学省後援
実用フランス語技能検定試験

# 仏検公式ガイドブック
# セレクション
# 3級
## （2019-2023）

フランス語教育振興協会編

公益財団法人 フランス語教育振興協会

## 音声について

本書の音声は、下記サイトより無料でダウンロード、およびストリーミングでお聴きいただけます。

https://stream.e-surugadai.com/books/isbn978-4-411-90316-7/

＊ご注意
- PC からでも、iPhone や Android のスマートフォンからでも音声を再生いただけます。
- 音声は何度でもダウンロード・再生いただくことができます。
- 当音声ファイルのデータにかかる著作権・その他の権利は公益財団法人フランス語教育振興協会（駿河台出版社）に帰属します。無断での複製・公衆送信・転載は禁止されています。

## 別売 CD について

無料音声ダウンロードと同じ内容の別売 CD（1 部 2,200 円税・送料込）をご用意しております。ご希望の方は、級・住所・連絡先を記入のうえ、仏検事務局まで現金書留をお送りください。

公益財団法人フランス語教育振興協会　仏検事務局
〒102-0073　千代田区九段北 1-8-1 九段 101 ビル 6F

# まえがき

　本書は 2013 年度から毎年刊行されている『年度版仏検公式ガイドブック』の別冊として、2019 年度〜2023 年度の実施問題からセレクトし、詳細な解説をほどこしたものです。

　APEF（公益財団法人フランス語教育振興協会）が実施する「実用フランス語技能検定試験」（略称「仏検」）は、フランス語を「読む」「書く」「聞く」「話す」という 4 つの技能に関して総合的に判定する試験として、1981 年という世界的に見ても早い時期からおこなわれています。

　3 級では、基礎文法のすべての項目が対象に含まれ、直説法だけではなく、条件法や接続法の理解も問われます。また、この級から筆記試験に記述問題が登場し、単語や動詞の活用を正しいつづりで書くことが要求されます。5 級、4 級がまだ入門級であるとすれば、3 級は中級レベル、ここからいよいよ実践的なフランス語の世界へ入ってゆくのだと言えるでしょう。使用される語彙数も増えるので、付け焼き刃の知識では歯が立ちません。日頃から地道に勉強をつづけ、実力をつけることが大切です。

　本セレクションは、近年に実施された試験のなかから問題を選び、解答に合わせて詳しい解説を付けています。たくさんの問題を掲載していますから、この 1 冊をしっかり勉強すれば、試験対策に十分なことはもちろん、中級レベルのフランス語の習熟にかならず結びつくことでしょう。本書が、皆さんのフランス語学習のお役に立つことを願っています。

　なお、フランスでは 1990 年に「新しいつづり」la nouvelle orthographe が発表されていますが、本書では従来のつづりを採用しています。ただし、仏検の筆記試験の採点においては、新しいつづりを使った受験者が不利益をこうむらないように配慮されています。

　本書の監修は北村卓が担当しています。

公益財団法人　フランス語教育振興協会

# 目　　次

| | |
|---|---|
| まえがき | 3 |
| 3級の内容と程度 | 7 |
| | |
| 3級の試験の概要 | 8 |
| 筆記試験 | 10 |
| 聞き取り試験 | 172 |

# 3級の内容と程度

### ●3級のレベル

　フランス語の文構成についての基本的な学習を一通り終了し、簡単な日常表現を理解し、読み、聞き、書くことができる。

ヨーロッパ言語共通参照枠（CEFR）のA1にほぼ対応しています。

標準学習時間：200時間以上（大学で、第一外国語としての授業なら1年間、
　　　　　　　第二外国語として週2回の授業なら2年間の学習に相当）

読　む：日常的に使われる表現を理解し、簡単な文による長文の内容を理解できる。

書　く：日常生活で使われる簡単な表現や、基本的語句を正しく書くことができる。

聞　く：簡単な会話を聞いて内容を理解できる。

文法知識：基本的文法事項全般。動詞については、直説法、命令法、定型的な条件法現在と接続法現在の範囲。

語彙：1,720語

### ●試験形式

　1次試験のみ／100点満点

　　筆　記　試　験　問題数9問、配点70点。試験時間60分。マークシート方式、一部語記入。

　　聞き取り試験　問題数3問、配点30点。試験時間約15分（部分書き取り1問・10点を含む）。マークシート方式、一部語記入。

仏検公式ガイドブックセレクション 3 級（2019-2023）

# 3 級の試験の概要

　5 級と 4 級の試験は、選択肢から解答を選ぶマークシート方式のみでしたが、3 級からはフランス語を記述する問題がくわわります。正しく記述するためには、これまでより正確な知識が必要になります。

　3 級では「フランス語の文の構成についての基本的な学習を一通り終了し、簡単な日常表現を理解し、読み、書き、聞き、話すことができる」ことが合格基準になります。必要とされる学習時間は標準で 200 時間程度です。

　語彙数は、フランス語の学習辞書の基本単語を構成する 1720 語が目安となります。辞書によって多少のちがいはありますが、仏和辞典の赤い見出し語にアステリスクがふたつ付いていることが、おおよその基準になります。『仏検公式基本語辞典 3 級・4 級・5 級 新訂版』（フランス語教育振興協会編、朝日出版社、2020)＊には、この 1720 語がすべて記載されていますから、仏検対策にはおおいに有効でしょう。

　　＊本文中では『仏検公式基本語辞典』と略し、例文を引用する際には辞典
　　　の見出し語を併記しています。

　文法については、初級文法の基本的知識全般が出題されます。3 級の段階でとくに難関となるのは動詞です。まず直説法（現在・単純未来・複合過去・半過去・大過去など）の活用形と基本的な用法をおさえたうえで、命令法、条件法現在、接続法現在、ジェロンディフにも目を配っておきましょう。そのほかにも、基本的な前置詞と代名詞の用法に習熟しておかねばなりません。

　「読む」力としては、初級文法の知識をもとに日常的に使われる表現を理解し、平易なフランス語で書かれた 15 行程度の説明文や手紙などの内容を読み取る力が要求されます。

　「書く」力では、日常生活で使われる簡単な表現、基本的な動詞の活用形や語句を正しく書くことが求められます。

　「聞く」力では、短い文を正確に聞き取る力や、10 行あまりの会話文の内容を理解する能力がためされます。

　「話す」力に関しては、面接による 2 次試験がありませんから、実際に試験のなかで「話す」機会はまだありません。3 級の段階では、筆記試験と聞き取り試験を通して、話すための基礎力がためされていると言えます。

3 級の試験の概要

　3 級の試験（100 点満点）は、筆記試験（60 分）と聞き取り試験（15 分）を合わせ、以下の 12 の大問から構成されています。

## 筆記試験（70 点満点）

1. 語彙（記述）
2. 動詞活用（対話文・記述）
3. 代名詞（穴うめ・選択）
4. 前置詞（穴うめ・選択）
5. 語順（語句の並べかえによる仏文完成）
6. 対話文（仏文選択）
7. 短文（穴うめ・選択）
8. 説明文（内容一致・和文選択）
9. 会話文（穴うめ・仏文選択）

## 聞き取り試験（30 点満点）

聞き取り 1　会話文の部分書き取り（穴うめ・記述）
聞き取り 2　短文聞き取り（仏文に一致する絵の選択）
聞き取り 3　会話文聞き取り（内容一致・和文選択）

## 試験配点表

| 筆記試験 | 1 | 2 | 3 | 4 | 5 | 6 | 7 | 8 | 9 | 小計 | 聞き取り | 1 | 2 | 3 | 小計 | 計 |
|---|---|---|---|---|---|---|---|---|---|---|---|---|---|---|---|---|
| | 8点 | 10 | 8 | 8 | 8 | 8 | 6 | 6 | 8 | 70 | | 10 | 10 | 10 | 30 | 100 |

9

仏検公式ガイドブックセレクション3級（2019-2023）

# 筆記試験

## 1

（　　）のなかに、指示された頭文字をヒントにしてフランス語を1語書き、日本語の表現に対応するフランス語の表現を完成させる記述問題です。配点8。

記述する語には、名詞、動詞、形容詞、副詞、前置詞などがあります。4題出題されます。日常生活のなかでよく使われる慣用的な表現についての知識と、その表現のポイントとなる単語のつづりを正確に書く力が要求されています。

出題されるのは、問題を解けなかったとしても、解答を見たときには「この表現ならば知っていたのに」と思うにちがいない、おなじみの表現ばかりです。ただ、一般に慣用的な表現は対応する日本語もこなれたものになっているため、フランス語と日本語の1語ごとの対応関係に重点を置きすぎると、解答をみちびき出すことがかえってむずかしくなります。また、正答となる単語を思いついたとしても、3級の受験生にとってはつづりを正確に書くことはけっしてやさしいことではありません。そのため、得点率は毎回それほど高くありません。

対策としては、日ごろからよく使われる短い慣用的な表現に出会ったら、そのつど覚えて実際に使ってみることが大切です。そうすることで、場面に則したフランス語らしい表現が身についていきます。最初に、初級の教科書で学んだ会話表現を徹底的に復習しておくとよいでしょう。

そのうえで、基本的な単語を正しいつづりで書けるようにしておくことが大切です。筆記の場合は、とくにアクサン記号が難関となることを意識しておきましょう。

筆記試験 1

## 練習問題 1

　次の日本語の表現(1)〜(4)に対応するように、（　　）内に入れるのにもっとも適切なフランス語（各1語）を、**示されている最初の文字とともに**、解答欄に書いてください。

(1)　あなたのお話をうかがいましょう。
　　Je vous ( é　　　　).

(2)　いいえ、だいじょうぶです。
　　Ça va. Ce n'est pas ( g　　　　).

(3)　君はまちがっているよ。
　　Tu as ( t　　　　).

(4)　なんていい眺めでしょう。
　　( Q　　　　) belle vue !

(21 秋)

11

仏検公式ガイドブックセレクション3級（2019-2023）

## 解説

(1) 「あなたのお話をうかがいましょう」は Je vous (écoute). となります。これは、医者や弁護士など、相談をもちかけられる職業についているかたがよく口にする表現です。「今日はどうしました、さあ、お話しください」といったニュアンスです。動詞 écouter を使った表現としては、J'écoute de la musique.「私は音楽を聴きます」とか、Nous avons écouté les informations à la radio.「私たちはラジオでニュースを聞きました」といった écouter の基本的な用法はすでに習得しているものと思います。ここでは、さらにフランス語のレベルアップをはかるために、相手の注意をひくときによく使われる Écoute !「いいかい」や Écoutez !「いいですか」（ともに命令法ですね）も覚えておきましょう。Écoute, maintenant, ça suffit !「ねえ、もういいかげんにして」のように使います。

(2) 「いいえ、だいじょうぶです」は Ça va. Ce n'est pas (grave). となります。これは、たとえば相手から Excusez-moi.「ごめんなさい」とか Je suis désolé(e).「すみません」などとあやまられたときに使う表現です。同じような状況で、Ce n'est rien.「たいしたことではありません」と答えることも可能です。また、Ce n'est pas (grand-chose). や Ce n'est pas (gravissime). も正解としました。

(3) 「君はまちがっているよ」は Tu as (tort). となります。tort の語にあまりなじみがなかったのか、*tord*、*tombé*、*tard*、*tout*、*tant* など、さまざまな誤答がありました。avoir chaud「熱い」、avoir froid「寒い」、avoir faim「おなかがすいた」、avoir soif「のどがかわいた」、avoir sommeil「眠い」など avoir を使ったいくつかの表現とともに、きちんと覚えておいてください。また、代名動詞 se tromper を使って、Tu te trompes. とすると、Tu as tort. とおなじような意味になります。また、「君はただしい」は Tu as raison. です。こちらもよく使われる表現ですので、確認しておいてください。

(4) 「なんていい眺めでしょう」は (Quelle) belle vue ! となります。ここでは疑問形容詞 quel を使った一種の感嘆文が問題になっています。ここでは主語と動詞がはぶかれて、〈疑問形容詞＋形容詞＋名詞〉の形になっていますが、疑問形容詞も形容詞も名詞の性と数に一致しなければなりません。vue「眺め」は単数の女性名詞ですので、疑問形容詞も Quelle の形にする必

筆記試験 [1]

要があります。もし vue が男性名詞か女性名詞かわからなかったとしても、belle が単数の女性形容詞であることに気づけば、Quelle という正答にたどりつくことができたはずです。*Quel* とした誤答がたくさんありました。疑問形容詞を使った感嘆文の用例を以下にいくつか書いておきますので、確認してください。Quel beau paysage !「なんて美しい風景なんだろう」、Quelle jolie robe !「なんてきれいなドレスなんでしょう」、Quelle bonne surprise !「何てうれしい驚きでしょう！」(『仏検公式基本語辞典』**surprise**)。

**解答**　(1) écoute　　(2) grave (grand-chose、gravissime も可)
　　　　　(3) tort　　(4) Quelle

13

仏検公式ガイドブックセレクション 3 級（2019-2023）

**練習問題 2**

　次の日本語の表現 (1) ～ (4) に対応するように、（　　）内に入れるのにもっとも適切なフランス語（各 1 語）を、**示されている最初の文字**とともに、解答欄に書いてください。

(1)　気をつけて、熱いよ。
　　　( A 　　　 ), c'est très chaud !

(2)　ご幸運を。
　　　Bonne ( c 　　　 ) !

(3)　久しぶりだね。
　　　Ça ( f 　　　 ) longtemps.

(4)　メリー・クリスマス！
　　　( J 　　　 ) Noël !

(23 春)

14

筆記試験 1

## 解 説

(1) 「気をつけて、熱いよ」は (Attention), c'est très chaud ! となります。「～に気をつけて」は〈attention à + 名詞〉で、用例としては Attention à la voiture !「車に気をつけて」、Attention à la marche !「段差に気をつけて」などがあります。また〈faire attention à + 名詞〉「～に気をつける」という表現もあり、faire を命令形にした Faites (Fais) attention ! は Attention ! とおなじ意味になります。*attends*、*attendez* のように動詞 attendre「待つ」の命令法を書いた誤答が多くありました。Attention ! のように無冠詞の単数名詞を用いて命令を表わす表現としては、ほかに Patience !「がまんしなさい」、Silence !「静かに」などがあります。

(2) 「ご幸運を」は Bonne (chance) ! となります。〈Bon (Bonne) + 名詞 !〉は、はげましやお祝いの言葉として日常会話でよく用いられる表現です。たとえば Bon courage !「頑張って」、Bon anniversaire !「誕生日おめでとう」などがあります。またこの表現は別れのあいさつとしても用いられます。たとえば Bonne soirée !「よい晩を」、Bon voyage !「よい旅行を」などがあります。名詞 chance「幸運」を用いた表現としては Tu as de la chance !「君は運がいいね」、Pas de chance !「ついてないな」などがあります。これらの表現も合わせて覚えておきましょう。

(3) 「久しぶりだね」は Ça (fait) longtemps ! となります。この表現は慣用表現として日常的によく使われますが、もともとは Ça fait longtemps qu'on ne s'est pas vu(e)s.「私たちは久しく会っていなかったね」という文が省略されたものです。この文の on は nous の代用で、再帰代名詞 se が直接目的語ですから、過去分詞 vu が主語と性数が一致して vu(e)s となっています。〈Ça fait + 期間 + que + 直説法〉は「～してから（期間が）～になる」という意味で、Ça fait trois ans que j'apprends le chinois.「私が中国語を勉強しはじめてから 3 年になる」などの用例があります。この場合 Ça fait は Il y a、Voici、Voilà におきかえることができます。なお直説法半過去を用いた Ça faisait longtemps ! という表現も Ça fait longtemps ! とおなじく久しぶりにだれかに会ったときに使われますので、faisait でも正答とします。これは Ça faisait longtemps qu'on ne s'était pas vu(e)s. を省略したもので、「長い間会っていなかったけれど、今やっと会えたね」というニュアンスになります。

15

仏検公式ガイドブックセレクション 3 級 (2019-2023)

⑷ 「メリー・クリスマス！」は (Joyeux) Noël！となります。クリスマスの
あいさつとして定番の表現です。誤答でもっとも多かったのは *Joli* でした
が、*Joieux*、*Joyeaux* のように発音はわかっていてもつづりを正しく書けな
かったと思われる誤答もかなりありました。ふだんから正しいつづりを覚え
るように心がけましょう。形容詞 joyeux は「陽気な、楽しい」という意味
ですが、Joyeux Noël！や Joyeux anniversaire！「誕生日おめでとう」のよう
にお祝いの表現でも使われますので覚えておきましょう。ちなみに新年のあ
いさつの「明けましておめでとう」は Bonne année！となります。

**解答** ⑴ Attention ⑵ chance ⑶ fait (faisait) ⑷ Joyeux

16

筆記試験 1

**練習問題 3**

次の日本語の表現(1)〜(4)に対応するように、（　）内に入れるのにもっとも適切なフランス語（各1語）を、**示されている最初の文字とともに**、解答欄に書いてください。

(1) ご出身は？
   D'où ( v　　　 )-vous ?

(2) 手遅れです。
   C'est ( t　　　 ) tard.

(3) またすぐあとで。
   À tout à l'( h　　　 ).

(4) もう一度お願いします。
   Encore une ( f　　　 ), s'il vous plaît.

(19秋)

17

仏検公式ガイドブックセレクション 3 級（2019-2023）

## 解説

(1) 「ご出身は？」は〈venir de ＋場所〉を使って、D'où (venez)-vous ? となります。起源を表わす前置詞 de と疑問副詞 où「どこへ、どこに」をエリジョンでつなげた d'où「どこから」を文頭に置いた倒置疑問文です。動詞 venir は「来る」や「（相手の方に）行く」という移動を意味するほかに、前置詞 de をともなって「〜から来ている」という由来も表わします。したがって、「あなたはどこから来たのですか」という出身を尋ねる表現は、過去時制ではなく現在時制で表わされます。その応答として、Je viens de Tokyo.「東京からです」や、国名をあげるなら、Je viens du Japon.「日本からです」などと答えます。男性名詞の国名の場合、前置詞 de と定冠詞 le の縮約形 du が使われますが、女性名詞の国名をあげる場合は、前置詞 de のあとには定冠詞 la をつけずに、Je viens de France.「フランスからです」となることに注意しましょう。ところで、動詞 venir は出身や由来を意味しますから、主語が人だけに限定されるわけではありません。たとえば、Ce mot vient du grec.「この単語はギリシア語起源である」などです。

(2) 「手遅れです」は C'est (trop) tard. となります。日常よく使われる基本的な表現ですが、*tout* や *très* といった誤答がめだちました。どちらも副詞ではありますが、これと tard をつなげても「手遅れ」の意味にはなりません。とくに副詞 très と trop が使い分けられるようになっておきましょう。C'est très tard.「とても遅いです」の très は遅さの程度が単に大きいことを客観的に表わしているのに対して、C'est trop tard. は、直訳すると「遅すぎます」であり、文中の trop は遅さの程度が行きすぎていることを表わし、それゆえに、なんらかの行為の遂行に支障をきたしていることが暗に示されています。

(3) 「またすぐあとで」は À tout à l'(heure). となります。別れぎわに次の再会の予定を言うあいさつ表現〈前置詞 à ＋時の表現〉です。たとえば、次に会うのがいつか具体的に決まっていれば、À demain.「またあした」や À la semaine prochaine.「また来週」などと言います。いつになるかわからないが、遠からずまた会いたいという気持ちを込めるなら、À bientôt.「また近いうちに」です。さて、問題文の「すぐあと」を意味する tout à l'heure はひとかたまりの副詞句として覚えておきましょう。さらに、再会が極めて接近している場合のあいさつ表現に、À tout de suite. もあります。

筆記試験 1

(4) 「もう1度お願いします」は Encore une (fois), s'il vous plaît. となります。名詞 fois「〜回、〜度」は単複同形の女性名詞です。たとえば、deux fois par semaine「週に2回」のように頻度を示したり、序数詞を用いて Je visite cette ville pour la première fois.「私はこの町を初めて訪れます」のように何度目かを示したりします。さらに、かけ算の「倍」の意味もあります。Trois fois deux font six.「3かける2は6」です。比較級表現とともに用いれば、Il mange deux fois plus qu'elle.「彼は彼女の2倍食べる」となります。

**解答**　(1) venez　　(2) trop　　(3) heure　　(4) fois

19

仏検公式ガイドブックセレクション 3 級（2019-2023）

## 練習問題 4

　次の日本語の表現 (1) ～ (4) に対応するように、（　　）内に入れるのにもっとも適切なフランス語（各 1 語）を、**示されている最初の文字**とともに、解答欄に書いてください。

(1)　あなたのおかげです。
　　　C'est ( g　　　　) à vous.

(2)　彼は昔からの友人です。
　　　C'est un ( v　　　　) ami.

(3)　すぐ行きます。
　　　J'( a　　　　) !

(4)　もちろん。
　　　Bien ( s　　　　).

（22 春）

筆記試験 1

## 解 説

(1) 「あなたのおかげです」は C'est (grâce) à vous. となります。grâce à は原因を表わし、「〜のおかげで」というポジティブな文意で用いられますが、同様に原因を表わす à cause de は多くの場合「〜のせいで」というネガティブな意味になります。対にして覚えておきましょう。

(2) 「彼は昔からの友人です」は C'est un (vieil) ami. となります。形容詞 vieux を用いることを思いついたものの、そのまま *vieux* と書いた誤答が多く見られました。ですが、ここではそのあとにつづく名詞が母音で始まっています。この場合は男性第 2 形の vieil が正しい形です。男性第 2 形をもつ形容詞はほかに beau (bel)「美しい」や nouveaux (nouvel)「新しい」があります。合わせて覚えておきましょう。

(3) 「すぐ行きます」は J'(arrive) ! となります。相手の視点に立って発する言葉ですから動詞 arriver「到着する」を用いるわけです。「行きます」という日本語から aller を用いると考えた人がいたようですが、主語 Je に対する活用形は vais ですから a から始まる（　　　）には入りません。

(4) 「もちろん」は Bien (sûr). となります。誤答で多かったのがアクサン・シルコンフレクスを忘れた *sur* です。アクサンもつづりの一部ですからよく確認しておきましょう。

**解 答**　(1) grâce　　(2) vieil　　(3) arrive　　(4) sûr

21

仏検公式ガイドブックセレクション3級（2019-2023）

## 練習問題 5

　次の日本語の表現(1)〜(4)に対応するように、（　　）内に入れるのにもっとも適切なフランス語（各1語）を、**示されている最初の文字**とともに、解答欄に書いてください。

(1)　お父さんによろしく。
　　　( D　　　　) bonjour à ton père pour moi.　　　　　　(22秋)

(2)　きょうは何日ですか。
　　　On est le ( c　　　　) aujourd'hui ?　　　　　　(23秋)

(3)　まさか。
　　　Ce n'est pas ( v　　　　) !　　　　　　(20秋)

(4)　喜んで。
　　　Avec ( p　　　　).　　　　　　(23秋)

22

筆記試験 1

**解 説**

(1) 「お父さんによろしく」は (Dis) bonjour à ton père pour moi. となります。（　　）のなかに入れるべき動詞が dire で、それを命令形にしなければならないと気づいていたにもかかわらず、*Dites*、*Dit*、*Ditez*、*Dits* などとしてしまった誤答がたくさんありました。à ton père とありますので、dire を 2 人称単数の tu に対する命令形にしなければなりません。dire の直説法現在の活用も再確認しておいてください。また、〈donner (bien) le bonjour à + A de (la part de) B〉「B から A によろしくと伝える」という表現と混同したのか、*Donne* や *Donnez* などの誤答も数多く見られました。また、命令形の dis を使った類似の表現として、Léo, dis bonsoir à Papa et va te coucher.「レオ、パパにおやすみを言って寝なさい」などもあります。いっしょに覚えておきましょう。

(2) 「きょうは何日ですか」は On est le (combien) aujourd'hui ? となります。よく見慣れているはずの combien の前に定冠詞 le がついていることにすこしとまどったのかもしれませんが、ここでもまた *comment*、*commen*、*common*、*comme*、*cour* など、さまざまな誤答がありました。「きょうは何日ですか」はもちろん、語順や主語を変えて、Le combien sommes-nous aujourd'hui ? とすることもできます。答え方としては、たとえば「きょうは 12 月 10 日です」なら、Nous sommes (aujourd'hui) le 10 décembre. となります。ついでですので、「きょうは何曜日ですか」という表現も覚えておきましょう。Quel jour de la semaine sommes-nous (aujourd'hui) ? と言います。もし「きょうは日曜日です」なら、Nous sommes (aujourd'hui) dimanche. とか Aujourd'hui, c'est dimanche. となります。

(3) 「まさか」は Ce n'est pas (vrai) ! となります。誤答のなかでいちばん多かったのは *vraiment* でしたが、vraiment は副詞ですので、ここでは不適切です。また、似たような意味の驚きの表現としては Ce n'est pas possible.「それはありえません」（『仏検公式基本語辞典』**possible**）がありますので、いっしょに覚えておきましょう。vrai を使った表現としては、ほかに C'est incroyable mais vrai !「それは信じがたいけれど本当だ」とか、非人称構文のなかでの Est-il vrai que vous ne travaillez plus ?「あなたがもう働いていないというのは本当ですか」なども覚えておきたいものです。

23

仏検公式ガイドブックセレクション3級 (2019-2023)

⑷ 「喜んで」は Avec (plaisir). となります。よく聞く表現のはずですが、予想外にできがあまりよくありませんでした。誤答のなかには、*plasir*、*plasire*、*plasier*、*praisir*、*plesure* など、つづり字の記憶が不正確なためと思われるミスがたくさんありました。きちんと何度も書く練習をして正確に覚えるようにしましょう。

**解 答**　⑴ Dis　　⑵ combien　　⑶ vrai　　⑷ plaisir

# 2

　対話文を読み、（　　）のなかに書かれている動詞の不定詞を適切な法と時制に活用させる記述問題です。配点 10。

　フランス語の応答文を読み、意味を理解したうえで、動詞の適切な法と時制を選択し、その活用形のつづりを正確に書くことが求められています。出題対象となるのは、直説法の現在、単純未来、複合過去、半過去、大過去、さらに、条件法現在、接続法現在などです。また命令法やジェロンディフも出題されます。

　フランス文法の要ともいうべき動詞の活用を問う問題ですが、残念なことに、毎回、低い得点率で推移しています。きちんと対策を講じたうえで受験しましょう。まずしなければならないのは、第 1 群規則動詞（-er 動詞）と第 2 群規則動詞（-ir 動詞）、avoir、être、aller、venir、prendre、faire、partir、mettre などの基本となる不規則動詞、se coucher のような代名動詞の直説法現在形と直説法複合過去形をしっかり覚えることです。忍耐力の必要な作業ですが、それをこなしていくことで、そのほかの文法事項に関しても知識が整理され、細かい規則も身についていきます。

　そのうえでさらに、会話の流れをきちんととらえ、質問されている箇所の動詞がどのような形でないといけないのかを判断する能力が必要となります。つまり、この問題では、内容や状況に応じて動詞を適切に活用させる力と、そのつづり字を正確に「書く」力が問われているのです。文法書や辞書を参考にして、それぞれの法や時制の用法を確実に理解してください。そのためには、作文など、動詞の形を自分できめて書く練習も有効です。

仏検公式ガイドブックセレクション 3 級 (2019-2023)

## 練習問題 1

次の対話 (1) ～ (5) の （　　） 内の語を必要な形にして、解答欄に書いてください。

(1) — Céline n'est plus à Paris ?
　　— Non, elle (partir) il y a deux semaines.

(2) — Je crois que j'ai de la fièvre.
　　— C'est vrai, tu as mauvaise mine. (Aller) te coucher.

(3) — Qu'est-ce que tu feras en Europe ?
　　— Je (visiter) l'Espagne et l'Italie.

(4) — Qu'est-ce que vous faisiez quand je vous ai téléphoné hier ?
　　— Nous (regarder) la télé.

(5) — Vous connaissez Amadou ?
　　— Bien sûr ! On (se voir) tous les jours, en ce moment.

(22 秋)

26

筆記試験 2

**解 説**

(1) — Céline n'est plus à Paris ?「セリーヌはもうパリにはいないのですか」— Non, elle (est partie) il y a deux semaines.「ええ、2 週間前に出発しました」となります。il y a deux semaines「2 週間前」という明確に過去に起こった事実を示す副詞句がありますので、partir を複合過去に活用させなければなりません。ここで忘れてならないことは、partir の助動詞は être であること、また主語 elle は女性単数形なので、過去分詞を性数一致させる必要があるということです。性数一致を忘れてしまった *est parti* や、助動詞をまちがえた *a parti* などの誤答がたくさんありました。

(2) — Je crois que j'ai de la fièvre.「熱があるみたい」— C'est vrai, tu as mauvaise mine. (Va) te coucher.「本当だ、顔色が悪いね。さあ、寝ないと」となります。代名動詞 se coucher「寝る」が te coucher となっていることから判断して、（    ）のなかには 2 人称単数 tu に対する aller の命令形が入ることがわかります。直説法現在で aller を活用させた場合、主語が tu のときは tu vas となりますが、命令形にするときは、第 1 群規則動詞（-er 型動詞）と同じように、主語をはぶくだけでなく、vas の語末の s もとらなければなりません。s をつけたままの Vas と答えた受験者が 3 分の 1 ほどいました。

(3) — Qu'est-ce que tu feras en Europe ?「ヨーロッパでは何をするつもりですか」— Je (visiterai) l'Espagne et l'Italie.「スペインとイタリアに行く予定です」となります。問いの文の動詞の時制が faire の単純未来形になっていて、将来の予定を尋ねていますので、答えの方も visiter を単純未来形にします。*visitrai*、*visiterais*、*visitera* などの誤答がありました。

(4) — Qu'est-ce que vous faisiez quand je vous ai téléphoné hier ?「きのう私が電話をしたとき、あなたたちは何をしていましたか」— Nous (regardions) la télé「テレビを見ていました」となります。問いの文が Qu'est-ce que vous faisiez [...] ?「あなたたちは何をしていましたか」と半過去形で過去において継続中だった行為や動作の状態を尋ねていますので、答えの方も半過去形で答えます。複合過去形の *avons regardé* とした誤答がたくさんありましたが、これでは、「テレビを見ていた」ではなく、「テレビを見た」となってしまいますので不適切です。

27

仏検公式ガイドブックセレクション 3 級（2019-2023）

⑸ — Vous connaissez Amadou?「あなたはアマドゥーのことを知っていますか」— Bien sûr ! On (se voit) tous les jours, en ce moment.「もちろんです。私たちは今、毎日会っています」となります。問いの文 Vous connaissez Amadou ?の時制は現在形ですし、答えの文には en ce moment「今」という副詞句がありますので、（　　　）のなかには代名動詞 se voir の現在形が入ることがわかります。主語が on のとき、動詞は 3 人称単数形にしなければなりません。

**解答** ⑴ est partie　　⑵ Va　　⑶ visiterai　　⑷ regardions　　⑸ se voit

筆記試験 2

**練習問題 2**

次の対話 (1) ～ (5) の（　　）内の語を必要な形にして、解答欄に書いてください。

(1) — Est-ce que vous avez déjà été à l'étranger ?
　　 — Oui, nous (voyager) en Chine il y a trois ans.

(2) — J'ai eu mal à la tête toute la journée.
　　 — Couche-toi tôt et ça (aller) mieux demain.

(3) — Je suis désolé, mais je serai en retard.
　　 — D'accord. Je t'attendrai en (faire) des courses.

(4) — Maman, on peut aller jouer ?
　　 — (Finir) d'abord vos devoirs !

(5) — Tu te souviens de Nicolas ?
　　 — Oui, on (se téléphoner) souvent autrefois.

(23 春)

29

仏検公式ガイドブックセレクション3級（2019-2023）

## 解 説

(1) — Est-ce que vous avez déjà été à l'étranger ?「これまでに外国に行ったことがありますか」— Oui, nous (avons voyagé) en Chine il y a trois ans.「はい、われわれは3年前に中国に旅行しました」となります。誤答で多かったのは *sommes voyagés* のように voyager「旅行する」の直説法複合過去の助動詞を être にしたものでした。複合過去の助動詞が être になる動詞は aller「行く」、venir「来る」、arriver「着く」、naître「生まれる」などのおもに移動や状態の変化を表わす自動詞です。たしかに voyager も移動を表わす自動詞といえるのですが、この動詞の複合過去の助動詞は être ではなく avoir になります。また、動詞 paraître「現れる」の助動詞は avoir と être のどちらも可能ですが、主語が人の場合はつねに avoir になります。このように動詞の複合過去の助動詞については例外的なケースも少なからずありますので、わからないときはかならず辞書で確認しましょう。

(2) — J'ai eu mal à la tête toute la journée.「頭が1日中痛かった」— Couche-toi tôt et ça (ira) mieux demain.「早く寝なさい、そうすればあしたにはよくなります」となります。この場合、ça は体調を表わす指示代名詞で、Ça va ?「元気ですか」のような表現で用いられます。また、副詞 bien の優等比較級 mieux を用いた aller mieux は「（体調が）よくなる」という意味になります。誤答でもっとも多かったのが aller の直説法現在形の *va* でしたが、ça va mieux は「体調がよくなりつつある」という意味になり、現在の体調を表わしています。ここでは demain「あした」という未来の体調が問題となっていますので単純未来形の ira が正答になります。

(3) — Je suis désolé, mais je serai en retard.「ごめん、遅れそう」— D'accord. Je t'attendrai en (faisant) des courses.「わかった。買い物をしながら待つよ」となります。en (faisant) des courses「買い物をしながら」は〈en ＋現在分詞〉の形をとるジェロンディフの同時性の用法です。*faitant*、*ferant* など、faire の現在分詞のつづりが正しく書けていない誤答が多くありました。現在分詞の作り方は、直説法現在の一人称複数 nous の活用の活用語尾 ons を ant におきかえたものです。したがって faire の現在分詞は直説法現在の nous の活用 faisons の ons を ant におきかえた faisant になります。現在分詞の作り方の例外は être、avoir、savoir の3つの動詞だけで、現在分詞はそれぞれ étant、ayant、sachant となります。このことも確認しておきましょう。

30

筆記試験 2

(4) ― Maman, on peut aller jouer ?「お母さん、遊びに行ってもいい？」
― (Finissez) d'abord vos devoirs !「まず宿題を終わらせなさい」となります。devoirs「宿題」の所有形容詞が vos ですので、問題文は vous に対する命令文であることがわかります。母親と子どもは通常 tu で話しますので、この vous は tu の複数であり、Maman, on peut aller jouer ? の on は nous の代用であると考えられます。したがって第 2 群規則動詞 finir の vous に対する命令形 Finissez が正答になります。誤答でもっとも多かったのは finir の tu に対する命令形 *Finis* を書いたものでした。動詞の命令形を答える問題では、だれに対する命令なのかを考えることが重要です。そのヒントはかならず問題文のなかにありますので、問題文を注意深く読むようにしましょう。

(5) ― Tu te souviens de Nicolas ?「ニコラのことを覚えていますか」 ― Oui, on (se téléphonait) souvent autrefois.「うん、以前はしばしば電話をしていたよ」となります。2 つの副詞 souvent「しばしば」と autrefois「以前は」によって、se téléphoner という行為が過去の習慣であったことがわかりますので、正答は直説法半過去形の se téléphonait になります。se téléphoner「互いに電話をかける」は代名動詞の相互的用法です。「～に電話をかける」は〈téléphoner à ＋人〉であり、se téléphoner の再帰代名詞 se は〈à ＋人〉をうけていますので、直接目的語ではなく間接目的語になります。直説法現在形の *se téléphone* という誤答が全体の約 30% もありました。これは autrefois の意味がわからなかったからだと思われます。この autrefois とおなじく「以前は」を意味する副詞として avant があります。どちらもよく使われる副詞ですので覚えておきましょう。

**解答** (1) avons voyagé  (2) ira  (3) faisant  (4) Finissez
(5) se téléphonait

31

仏検公式ガイドブックセレクション3級 (2019-2023)

## 練習問題 3

次の対話(1)〜(5)の（　）内の語を必要な形にして、解答欄に書いてください。

(1) ― Comme il est joli, votre appartement !
― Merci, (faire) comme chez vous.

(2) ― Excusez-moi, où est la poste ?
― Continuez tout droit. Vous la (trouver) dans dix minutes.

(3) ― Faut-il dire la vérité ?
― Si j'étais toi, je ne la (dire) pas.

(4) ― Pourquoi a-t-il sommeil ?
― Parce qu'il (se lever) très tôt ce matin.

(5) ― Tout le monde est là ?
― Non, il (manquer) Inès et Alexandre.

(21 春)

32

## 解 説

(1) — Comme il est joli, votre appartement !「あなたのアパルトマン、なんてきれいなの」— Merci, (faites) comme chez vous.「ありがとう、どうぞ楽になさってください」となります。慣用表現ですので、知っていればすんなり答えることができたでしょう。知らなかったとしても、動詞の前に主語がないので、命令法になるのだろうと見当をつけることができます。ここで会話は vous でかわされていることに注意して faire を活用させます。faire の命令法は直説法現在と同じ形ですが、*faitez* や *faisez* などといった誤答が多く見られました。faire はもっとも基本的な動詞のひとつですので、活用形は確実に覚えておきましょう。

(2) — Excusez-moi, où est la poste ?「すみません、郵便局はどちらですか」— Continuez tout droit. Vous la (trouverez) dans dix minutes.「このまま、まっすぐ行ってください。10分で着きます」となります。道案内の表現として、trouver「みつける」を用い、「あなたはそれをみつけるでしょう」という言い方をします。案内の指示にしたがった結果として「みつける、見いだす」わけですから、trouver は単純未来形にします。問題文にはさらに dans dix minutes「10分後に」という未来の時を表わす表現もつけられていて、動詞の時制を判断するための決定的な手がかりといえます。誤答には *trouvez* と現在形にしてしまったものが多かったほか、*trouvrez* と未来形の活用をまちがえたものも少なからずありました。

(3) — Faut-il dire la vérité ?「本当のことを言うべきかな」— Si j'étais toi, je ne la (dirais) pas.「ぼくが君なら言わないね」となります。〈Si ＋直説法半過去、条件法現在の主節〉で表わす、反実仮想の構文です。前半の半過去に合わせて *disais* とした誤答が見られましたが、条件法の基本ですのでしっかり習得しましょう。もちろん、過去のことについて反実仮想の文を作るときには〈Si ＋直説法大過去、条件法過去の主節〉となります。また、仮定をみちびく箇所には、かならずしも si がついているとはかぎりません。たとえば、問題文の条件節の部分を À ta place「君の立場だったら」と言いかえても後半部分は同じようにつづけることになります。

(4) — Pourquoi a-t-il sommeil ?「彼が眠いのはどうして」— Parce qu'il (s'est levé) très tôt ce matin.「けさすごく早起きしたから」となります。「彼」

仏検公式ガイドブックセレクション 3 級（2019-2023）

が眠いのは現在のことですが、その原因は ce matin「けさ」の早起きであって過去のことなので、se lever を複合過去形にします。代名動詞の複合過去形は se と動詞の過去分詞の間に être の現在形の活用を入れることで作ります。このことがおさえられていない誤答として、*se levé* や *se a levé* といったものが見られました。代名動詞を複合過去形にする場合、過去分詞に先立つ部分はすべての代名動詞に共通ですので、je me suis, tu t'es, il s'est... というように音と視覚の両方で定着させましょう。

(5) ― Tout le monde est là ?「みんないますか」― Non, il (manque) Inès et Alexandre.「いいえ、イネスとアレクサンドルがいません」となります。il manque...「〜が欠けている」という、非人称の il を用いた表現です。問題文で「いない」のは複数の人物ですが、動詞はあくまで il に合わせて活用させます。これを、欠けている人物たちに合わせて *manquent* と三人称複数の活用形にした誤答がめだちました。似たような非人称の文としては rester を使った il reste...「〜が残っている」があります。この場合も、「残っている」ものの数にかかわらず rester は il に合わせて活用させるので、たとえば Il reste trois gâteaux.「ケーキが 3 つ残っている」のようになります。

**解 答** (1) faites　　(2) trouverez　　(3) dirais　　(4) s'est levé
(5) manque

筆記試験 2

**練習問題 4**

次の対話 (1) ～ (5) の （　　） 内の語を必要な形にして、解答欄に書いてください。

(1) — Désolé. Je suis en retard. Euh... vous êtes en colère ?
— Bien sûr ! Nous (arriver) il y a deux heures, Jean et moi !

(2) — Martine a perdu son match d'hier.
— Mais je (croire) toujours qu'elle est la meilleure.

(3) — On écrit moins de lettres qu'avant.
— Oui, moi aussi, avant, j'(écrire) souvent à mes amis.

(4) — Quand est-ce que tu finiras tes études ?
— Dans trois ans, quand j'(avoir) 23 ans.

(5) — Qu'est-ce que je dois faire ?
— Si j'étais toi, je (partir) tout de suite.

(19 春)

35

仏検公式ガイドブックセレクション 3 級（2019-2023）

## 解 説

(1) — Désolé. Je suis en retard. Euh... vous êtes en colère ?「ごめん、遅刻してしまって。えーと、2 人ともおこっているかな」— Bien sûr ! Nous (sommes arrivés) il y a deux heures, Jean et moi !「あたりまえじゃないか。ジャンとぼくは 2 時間も前に着いていたんだぞ」となります。Jean et moi「ジャンと私」が il y a deux heures「2 時間前」に約束の場所に先に着いて、遅れてやって来る男性を待っていたという状況です。こうした点をすべて考慮するなら、動詞 arriver を複合過去形にしなければならないという判断ができたはずです。ところで、arriver は être を助動詞とする自動詞ですので、arriver の過去分詞 arrivé は主語に性数一致させなければなりません。Jean が男性であることは明らかですので、moi「私」が男性であれ女性であれ、主語 Nous を男性複数とみなして、過去分詞の arrivé を変形させる必要があります。性数一致を忘れてしまった *sommes arrivé*、Nous を女性複数と誤ってしまった *sommes arrivées*、arriver の助動詞を avoir と誤ってしまった *avons arrivé* などの誤答がめだちました。

(2) — Martine a perdu son match d'hier.「マルチーヌはきのうの試合に負けてしまったね」— Mais je (crois) toujours qu'elle est la meilleure.「でもぼくは彼女が一番だと今でも思っているけどね」となります。Martine a perdu son match d'hier. という最初の文の時制は複合過去ですが、それに応える文をよく見てみると、従属節は elle est la meilleure「彼女は一番だ」と直説法現在になっていますし、主節の動詞 croire のあとには toujours「あいかわらず」がありますので、きのうの敗戦は je の思いをすこしもゆるがすことがなかったと判断することができます。こうしたことから croire を直説法現在に活用させなければならないことがわかります。

(3) — On écrit moins de lettres qu'avant.「以前とくらべて、みな手紙を書かなくなったね」— Oui, moi aussi, avant, j'(écrivais) souvent à mes amis.「そうだね、私も以前は友だちにしばしば手紙を書いていたんだけれど」となります。最初の文で、以前とくらべて、現在、手紙を書かなくなったという状況の認識が直説法現在で語られています。それをうけた 2 番目の文は、以前、自分もまた手紙を書いていたことを語っています。つまり、現在もう失われてしまった過去の習慣を問題にしているわけですので、écrire は直説法半過去形で活用させなければなりません。*ai écrit* や *écrirais* などの誤答

36

筆記試験 2

が多数見られました。ここで問われているのは直説法半過去のきわめて基本的な用法です。以下の用例を参考に理解を深めておいてください。Avant, mon père **travaillait** à Osaka, maintenant il travaille à Fukuoka.「以前、父は大阪で働いていましたが、今は福岡で働いています」、Quand j'**habitais** à Paris, je **me promenais** souvent dans ce jardin.「パリに住んでいたとき、私はしばしばその公園を散歩したものです」。

⑷ — Quand est-ce que tu finiras tes études ?「君はいつ卒業するの」— Dans trois ans, quand j'(aurai) 23 ans.「3年後、23歳のときです」となります。最初の文で Quand est-ce que tu **finiras** tes études ?と、単純未来形で「君」の卒業時期（勉強を終える時期）が尋ねられています。ここでは未来のある時期のことが問題になっているために単純未来形が使われたわけです。2番目の文は、まず Dans trois ans「3年後」、とこれまた未来の時期を指したあとで、その「3年後」がどのような時期なのかをより具体的に説明しようとしているわけです。ですから、ここでも quand j'**aurai** 23 ans「私が23歳になっているとき」と単純未来形にならなければなりません。また quand j'**aurai eu** 23 ans と avoir を前未来形に活用させた場合も正解とします。前未来形は未来のある時点までに完了している行為を表わすときに使われますが、ここで前未来形にすると、「私が23歳になってしまっているとき」というように、「23歳である」という状態よりも、「23歳になった」という完了のほうに重きがおかれた表現になります。

⑸ — Qu'est-ce que je dois faire ?「どうしたらいいだろう」— Si j'étais toi, je (partirais) tout de suite.「私だったら、すぐに出発するでしょう」となります。2番目の文の前半部 Si j'**étais** toi は、直訳すれば「もし私があなただったら」というような意味になりますが、現在において実現可能性のない仮定が直説法半過去を使って述べられています。ですから、主節ではそれにもとづく現在もしくは未来の帰結を、条件法現在を使って述べなければなりません。条件法現在の使い方に慣れていなかったせいか、*partrais*、*parte*、*suis parti* のような誤答が多く見られました。以下に用例を示しておきますので、「**Si ＋直説法半過去、条件法現在**」という基本のパターンをもう一度確認してください。Si elle **venait** me voir demain, nous **irions** ensemble au cinéma.「あした、もし彼女が私に会いに来たら、いっしょに映画に行くのだけどなあ」、**Si** tu lui **expliquais**, elle **comprendrait** peut-être.「もし君が

37

仏検公式ガイドブックセレクション 3 級（2019-2023）

彼女に説明してくれたら、もしかしたらわかってくれるかもしれないのに」。

**解 答** (1) sommes arrivés　　(2) crois　　(3) écrivais
(4) aurai（aurai eu も可）　　(5) partirais

筆記試験 2

## 練習問題 5

次の対話(1)〜(5)の（　　）内の語を必要な形にして、解答欄に書いてください。

(1) — Elle s'intéresse beaucoup à l'art moderne français.
    — Alors, il faut absolument qu'elle (aller) voir cette exposition. (22 春)

(2) — Hier soir, je n'ai pas pu bien dormir.
    — (boire) du lait chaud et vous dormirez mieux. (19 秋)

(3) — Papa, je peux manger une glace ?
    — D'accord, mais ne regarde pas la télé en (manger). (22 春)

(4) — Quand vous étiez lycéen, vous travailliez tard ?
    — Non, je (se coucher) tôt. (23 秋)

(5) — Tu connais mon oncle depuis longtemps ?
    — Non, nous (se rencontrer) il y a un mois seulement. (21 秋)

39

仏検公式ガイドブックセレクション3級（2019-2023）

## 解説

(1) — Elle s'intéresse beaucoup à l'art moderne français.「彼女はフランス現代美術にとても関心があるんだ」— Alors, il faut absolument qu'elle (aille) voir cette exposition.「じゃあ、絶対にこの展覧会は観に行かないとね」となります。誤答でもっとも多かったのは elle *va* voir cette exposition と直説法現在形で答えたものでしたが、il faut que...「～しなくてはならない」という、語り手の判断を表わす非人称構文においては接続法が用いられます。aller の接続法現在形は例外的な語幹をもつ動詞でもありますので、確認しておきましょう。

(2) — Hier soir, je n'ai pas pu bien dormir.「昨晩、よく眠れなかったの」— (Buvez) du lait chaud et vous dormirez mieux.「ホットミルクを飲んでごらんなさい、そうすればよく眠れますよ」となります。*Boirez* や *boyez*、*bois* などの誤答が多数見られました。この誤答例から、受験者の多くは動詞 boire の命令形を答えようとしていたことがうかがえます。2つ目の文は主語を置かずに動詞から始まっていますから、命令文だということがわかります。この2つ目の文の〈命令文＋et＋単純未来の文〉は、ある行為をするように述べたうえで、その行為の結果として生じうる事態を予測する表現です。多くの受験生はそこまでは理解がおよんでいたようですが、boire の命令法を正しく活用できなかったために正解にいたれませんでした。なお、誤答の *bois* は tu に対する命令法です。相手を tu と vous のいずれで呼ぶかは、この命令法のあとにつづく vous dormirez mieux の主語が明示していますから、迷いようはないはずです。

(3) — Papa, je peux manger une glace ?「お父さん、アイスクリームを食べてもいい？」— D'accord, mais ne regarde pas la télé en (mangeant).「いいよ。でも食べながらテレビを見ちゃだめだよ」となります。前置詞 en から（　　　）内の動詞は現在分詞形にすることはわかったものの、つづりで *mangant* とまちがった人が多いようです。このつづりだと [ʒ] の発音を保てませんので、mangeant とします（ほかに nous を主語とする活用形も nous mangeons となります）。同様の動詞に commencer があり、こちらは [s] の発音を保つために ç を用います（commençant, nous commençons）。合わせて覚えておきましょう。

40

（4） — Quand vous étiez lycéen, vous travailliez tard ?「あなたはリセの生徒だったころ、夜おそくまで勉強していたのですか」— Non, je (me couchais) tôt.「いいえ、私は早く寝ていました」となります。最初の問いかけの文 Quand vous étiez lycéen, vous travailliez tard ? の動詞の時制が従属節も主節も半過去形ですので、「過去において反復された行為」や、「現在はもう失われてしまった過去の習慣」が話題になっていることが推定されます。ですから、答えるほうの動詞も半過去形にしなければなりません。直説法現在形の me couche とした誤答が受験者の 2 割ほどありましたが、これだと「今、夜は早く寝ている」ことになって会話は成立しません。また、複合過去の me suis couché(e) ですと、たとえば、きのうとかおとといに「早く寝た」ということになりますので、こちらも不適切です。

（5） — Tu connais mon oncle depuis longtemps ?「私のおじのことをむかしから知っているのですか」— Non, nous (nous sommes rencontrés) il y a un mois seulement.「いいえ。ほんの 1 カ月前に出会いました」となります。代名動詞 se rencontrer をどのような時制で活用させなければならないか、まず考えてみましょう。il y a un mois seulement「ほんの 1 カ月前に」と過去のある瞬間を明示する副詞句がありますので、複合過去に活用させなければなりません。代名動詞の複合過去は〈再帰代名詞 + 助動詞 être の直説法現在 + 過去分詞〉という形となりますが、ここで忘れてならないことは、**再帰代名詞が直接目的語の場合、過去分詞は再帰代名詞の性数に一致させなければならない**という点です。ここで、se rencontrer の rencontrer は他動詞で、se はその直接目的語です。以上の点をすべて考えあわせると正答をみちびき出せます。なお、ここでは tu と呼ばれている人物が男性か女性かの判断はできませんが、mon oncle「私のおじ」は男性ですので、nous は文法的には男性の複数と判断されます。そのため、過去分詞 rencontré は再帰代名詞の nous に性数一致して rencontrés となります。*nous rencontré*、*se rencontrons*、*sommes rencontrons*、*nous rencontriez* などさまざまな誤答が見られました。

**解答** (1) aille　　(2) Buvez　　(3) mangeant　　(4) me couchais
(5) nous sommes rencontrés

# 3

　それぞれの問題文の（　　）にふさわしい代名詞を、提示されている 3 つの選択肢から選ぶ問題です。4 題出題されています。配点 8。

　フランス語には、同じ名詞を繰り返し使うことをなるべく避ける傾向があります。だからといって、主語や目的語など、文の基本的な要素を構成する名詞を省略することもできないので、代名詞に置きかえて表現することになります。そのため、人称代名詞、指示代名詞、中性代名詞、所有代名詞、疑問代名詞、関係代名詞といった一連の代名詞が発達しています。この設問では、問題となっている名詞が文のなかでどのように機能しているのかを理解し、適切な代名詞に置きかえる力が要求されています。

　対策としては、まず初級の参考書などで、うえに列挙したそれぞれの代名詞がどのように名詞に取ってかわるのか、その規則を把握しておきましょう。とくに中性代名詞（en、le、y）をよく復習しておいてください。

　そのうえで、実際に問題を解くときには、（　　）の位置にくる代名詞が問題文の何をうけているのかを最初につかんでください。それから、（　　）のある文のなかでその代名詞がどのようなはたらき（主語なのか、目的語なのかなど）をしているのかをとらえれば、正答が見えてきます。

　さらに、不定代名詞（personne、rien、quelqu'un、quelques-uns など）の使い方もしっかりと復習しておきましょう。また、代名動詞の再帰代名詞も出題されることがあるので、要注意です。

筆記試験 3

**練習問題1**

次の(1)～(4)の（　　）内に入れるのにもっとも適切なものを、それぞれ
①～③のなかから1つずつ選び、解答欄のその番号にマークしてください。

(1) Elle a une nouvelle voiture, et elle (　　　) est très
contente.

　　　　① en　　　　　② le　　　　　③ y

(2) J'ai lu un livre intéressant. Je voudrais te (　　　　) prêter.

　　　　① la　　　　　② le　　　　　③ lui

(3) Passez-(　　　) le sel, s'il vous plaît.

　　　　① je　　　　　② me　　　　　③ moi

(4) (　　　) qui est le plus important, c'est l'amitié.

　　　　① Ce　　　　② Cela　　　　③ Celle

(23 秋)

43

仏検公式ガイドブックセレクション3級（2019-2023）

## 解説

**（1）** Elle a une nouvelle voiture, et elle (en) est très contente.「彼女は新しい車を持っています。彼女はその車にとても満足しています」となります。〈être content de ＋もの〉で「（もの）に満足している」という意味になります。たとえば、Ils sont contents **de** leur nouvel appartement.「彼らは新しいアパルトマンに満足しています」となります。そしてこの〈de ＋もの〉の部分は中性代名詞の en で置きかえて、Ils **en** sont contents. とすることが可能です。問題の文もまったく同じ原理ですので、① en が正答です。Elle a une nouvelle voiture, et elle est très contente de sa nouvelle voiture. の下線部が en に置きかえられたと考えられます。② le には、定冠詞や人称代名詞や中性代名詞などの用法がありますが、ここではどれも不適切です。③ y は〈à ＋名詞〉の代わりとなることもできますが、content のうしろには〈à ＋名詞〉がくることはありませんので、ここでは不適切です。なお、〈être content de ＋人〉の場合、〈de ＋人〉の部分を en で置きかえることはできず、人称代名詞の強勢形を使わなければなりません。Je suis content de Paul.「私はポールに満足している」なら Je suis content de **lui**.「私は彼に満足している」となります。

**（2）** J'ai lu un livre intéressant. Je voudrais te (le) prêter.「私はおもしろい本を読みました。君にそれを貸してあげたいんだけど」となります。prêter は〈prêter ＋もの ＋ à ＋人〉の形で「〈人〉に〈もの〉を貸す」の意味になります。ここで〈もの〉は直接目的語、〈人〉は間接目的語になっています。問題の文 Je voudrais te (　　) prêter. には、間接目的語 te がすでにありますので、（　　）のなかには直接目的語を入れなければならないことがわかります。直接目的語になるのは、前文 J'ai lu un livre intéressant. のなかの un livre intéressant です。ただし、「私が君に貸してあげたい本」は限定された本としてあつかわなければなりません。また livre は単数の男性名詞ですので、② le が正答です。① la は単数の女性名詞を直接目的語でうけるときに使いますので、ここでは不適切です。③ lui は間接目的語ですのでこれも不適切です。なお、1つの文のなかに2つの代名詞がある場合もありますが、1人称や2人称の間接目的語（me、te、nous、vous）と3人称の直接目的語（le、la、les）が1つの文のなかにあるときには、間接目的語が前で、直接目的語があとになります。しかし、3人称の間接目的語（lui、leur）と

44

筆記試験 3

3人称の直接目的語（le、la、les）が1つの文のなかにあるときには、直接目的語が前にきます。たとえば、Je voudrais prêter mes livres à ma fille.「私は私の本を娘に貸したいと思っている」の直接目的語 mes livres と間接目的語 ma fille を人称代名詞にすると Je voudrais **les lui** prêter. となります。

⑶　Passez-(moi) le sel, s'il vous plaît.「私に塩をとってください」となります。文頭に動詞がきていて、かつ s'il vous plaît で文が終わっていますので、命令文であることはすぐにわかったはずです。動詞 passer には「通る」「立ち寄る」「過ぎ去る」のように自動詞として使われるときと、「（試験を）受ける」「（時を）過ごす」「（人にものを）手わたす」のように他動詞として使われるときがあります。ここでは、「（人にものを）手わたす」の意味で使われています。ここでも上の⑵と同様、〈人〉が間接目的語、〈もの〉が直接目的語です。le sel「塩」は直接目的語ですので、（　　　）のなかには間接目的語が入ります。3つの選択肢を見てみると、① je はどんなときでも文の主語にしかなれませんので不適切です。② me は一見すると正答のように思われるかもしれませんが、「肯定命令文のなかでは、me と te は直接目的語・間接目的語の別なく、それぞれ強勢形の moi, toi にする」という規則がありますので、② me は不適切で ③ moi が正答になります。

⑷　(Ce) qui est le plus important, c'est l'amitié.「いちばん大切なもの、それは友情です」となります。（　　　）の次に関係代名詞の qui がきていて、それに動詞 est がつづいています。3つの選択肢のなかでどれが qui の先行詞としてふさわしいかを問う問題です。② Cela は同じ指示代名詞の ceci と対比的に使われるときは、「遠くにあるもの」あるいは「これから話題にしようとするもの」を指し、ceci は「近くにあるもの」、「今話題にしたばかりのもの」を指します。ただ最近は、ceci と cela の区別はあまり守られなくなり、cela が両方をかねることが多くなりました。しかし、いずれにしても、ふつう cela の次に関係代名詞がくることはありませんので、ここでは不適切です。③ Celle はすでに話題になった単数の女性名詞をうける指示代名詞で、その次に関係代名詞がくることは可能ですが、*Celle qui est le plus important* とすると、le plus important が男性単数ですので不適切です。したがって、① Ce が正答になります。ここで ce qui は「～であるところのもの（こと）」という意味になります。問題の文では Ce qui est le plus important 全体を c'est l'amitié の c'(ce) がうけています。以下に類似の例文

45

仏検公式ガイドブックセレクション3級（2019-2023）

をあげておきますので参考にしてください。Ce qui est important, c'est de choisir un bon chemin. 「大切なことは、正しい道を選ぶことです」、Ce qui me plaît le plus, dans la maison, c'est la cuisine. 「家のなかで私のいちばんのお気に入りは台所です」。

**解答** (1) ①　　(2) ②　　(3) ③　　(4) ①

46

筆記試験 3

練習問題 2

次の (1) ～ (4) の （　） 内に入れるのにもっとも適切なものを、それぞれ
①～③のなかから 1 つずつ選び、解答欄のその番号にマークしてください。

(1) Ce parc n'est pas loin d'ici. Tu peux (　　　) aller à
pied.

① en ② l' ③ y

(2) Ma nouvelle montre est beaucoup mieux que (　　　)
que j'ai perdue.

① ce ② celle ③ celui

(3) Voilà le livre (　　　) je t'ai parlé.

① dont ② que ③ qui

(4) (　　　) me fait plaisir de vous voir.

① Ça ② Ce ③ Celui

(21 秋)

47

仏検公式ガイドブックセレクション3級（2019-2023）

## 解　説

(1)　Ce parc n'est pas loin d'ici. Tu peux (y) aller à pied.「その公園はここから遠くありません。歩いて行けますよ」となります。選択肢① en は前置詞のときも中性代名詞のときもありますが、まず前置詞でないことはすぐにわかります。なぜなら前置詞の en が（　　　　）のなかに入ったなら、そのうしろに名詞や代名詞がくるはずですが、そうなっていないからです。それでは、中性代名詞としての en はどうでしょう。中性代名詞としての en の用法を確認すると、たとえば、Paul a acheté de la viande ?「ポールは肉を買ったのですか」— Oui, il **en** a acheté.「ええ、買いました」や Tu as des frères ?「兄弟はいますか」— Oui, j'**en** ai deux.「ええ、ふたりいます」のように、部分冠詞や不定冠詞のついた名詞、または数や分量を表わす語をうけて名詞を繰り返すかわりに使われます。また、Elle est revenue de Paris ?「彼女はパリからもどってきたのですか」— Oui, elle **en** est revenue.「ええ、もどってきました」や、Vous avez besoin de ce dictionnaire ?「その辞書は必要ですか」— Non, je n'**en** ai pas besoin.「いいえ、必要ありません」のように〈de ＋名詞〉をうけることもあります。上のいずれの en の用法も、問題文の動詞 aller とはうまくつながらないことがわかります。② l' はどうでしょうか。自動詞 aller の前に l' がくる可能性は、l' が定冠詞（le、la）であれ、中性代名詞 le であれ、ありません。なぜなら、定冠詞であれば、うしろに名詞がきていなければなりませんし、中性代名詞であれば、属詞（主格補語）や、動詞の不定詞、句、節、文などをうけますが、ここではそうなっていません。ということで、③ y が残ります。中性代名詞の y は、〈場所を表わす前置詞（à、dans、en、chez など）＋名詞〉をうけたり、〈à ＋名詞〉をうけたりします。ここでは、Tu peux aller à ce parc à pied. の à ce parc の部分を y でうけて、Tu peux **y** aller à pied. になったと考えられますので、③ y が正答になります。

(2)　Ma nouvelle montre est beaucoup mieux que (celle) que j'ai perdue.「私の新しい時計はなくした時計よりずっといい」となります。比較級の文です。比較されているのは、ma nouvelle montre「私の新しい時計」と「なくした時計」ということになります。① ce は性や数によって変化しない指示代名詞なので、montre のかわりになることはできません。たとえば、ce que j'ai perdu は「私がなくしたもの」という意味になりますが、これでは何をなく

48

筆記試験 ③

したのか、具体的なことはわかりません。ということで ① ce は不適切です。さて、「なくした時計」を代名詞を使わずに表現すれば la montre que j'ai perdue となるはずです。その montre「時計」は単数の女性名詞ですので、これを指示代名詞の celle にかえることができます。その結果、celle que j'ai perdue で「なくした時計」の意味になります。この ② celle が正答です。③ celui は celle とおなじく指示代名詞ですが、男性単数名詞をうけるものですので、montre のかわりになることはできません。ところで、celle que j'ai perdue の過去分詞の最後の e はなんでしょう。これは関係代名詞 que の前に置かれた perdre の直接目的語でかつ先行詞の celle と性数一致して過去分詞 perdu に e がついたものです。同様に、たとえば、J'ai acheté cette montre hier.「私はきのうその時計を買った」の cette montre を強調する強調構文を作ると、C'est cette montre que j'ai achetée hier. と、やはり過去分詞 acheté は cette montre に性数一致して achetée となります。どちらの場合も、**他動詞の過去分詞の前にその直接目的語が置かれているとき、過去分詞は直接目的語と性数一致しなければならない**という規則にしたがっています。

(3) Voilà le livre (dont) je t'ai parlé.「ほらこれが君に話した本だよ」となります。まず文の前半 Voilà le livre だけを見ると、これは「ここ（そこ）に本があります」という意味になります。また文の後半 je t'ai parlé は同様に「私が君に話をした」という意味になります。このふたつの部分をどう結びつけたらいいでしょう。選択肢を見ると ① dont、② que、③ qui ともに、関係代名詞として使うことができるものばかりです。ここでもし ② que を（　　　）のなかに入れたとすると、parler は他動詞で、le livre はその直接目的語と見なされてしまいます。ところが parler が他動詞として使われる用例はそれほど多くはありません。たとえば、Je parle japonais.「私は日本語を話す」のように言語を直接目的語とするときとか、Ils parlent toujours politique.「彼らはいつも政治の話をする」のように、かなり限定された無冠詞名詞を直接目的語とするときだけです。ということで、② que は不適切です。同様に ③ qui を（　　　）のなかに入れたとすると、qui の次には動詞がこなければならないはずですが、je がきていますので、③ qui もまた不適切なことがわかります。① dont が残りましたが、ここで dont は前置詞 de をふくむ関係代名詞であることを確認しましょう。ここでは、たとえば、Voilà un livre. Je t'ai parlé **de** ce livre. の 2 文をひとつにまとめたのが Voilà

49

仏検公式ガイドブックセレクション 3 級（2019-2023）

le livre (dont) je t'ai parlé. だと考えられます。① dont が正答です。

⑷　(Ça) me fait plaisir de vous voir.「あなたに会えてうれしい」となります。（　　　）のなかには動詞 faire の主語となる名詞が入らなければなりません。ところで、② Ce を指示代名詞と考えた場合、Ce の次にくることのできる動詞はかなり限定されていて、たとえば être や sembler などです。Ce は faire の主語になることはできません。ということで、② Ce は不適切です。また③ Celui はおもに前置詞 de をともなって、すでに言及された名詞のかわりとなるか、関係代名詞（qui、que、dont など）にみちびかれる節を作りますが、ここで文頭に Celui がきた場合には、Celui の内容がなんのことかわかりません。この問題ではさらにもうひとつ考察しなければならない点があります。それは（　　　）のなかに入るべき語は、形式上の主語で、de vous voir「あなたに会うこと」が意味上の主語となっているという点です。つまり、「あなたに会うこと」、「それ」が「私を喜ばせる」という構造になっています。こうした役割をはたすことができるのは① Ça だけです。① Ça が正答です。① Ça と② Ce は一見すると似ていますが、その用法には大きなちがいがありますので、辞書などで確認しておいてください。

**解答**　(1) ③　　(2) ②　　(3) ①　　(4) ①

50

筆記試験 3

**練習問題 3**

次の(1)〜(4)の (　　) 内に入れるのにもっとも適切なものを、それぞれ
①〜③のなかから1つずつ選び、解答欄のその番号にマークしてください。

(1)　À (　　　　) ça sert, cette machine ?

　　　① ce　　　　　　② que　　　　　　③ quoi

(2)　Il n'y a (　　　　) problème entre nous.

　　　① aucun　　　　② quelque　　　　③ tout

(3)　Il sent bon, ce parfum. Achetons-(　　　　) pour maman.

　　　① la　　　　　　② le　　　　　　　③ lui

(4)　Mes parents habitent à Marseille. Je pense toujours à
　　　(　　　　).

　　　① eux　　　　　② ils　　　　　　　③ les

(23 春)

51

仏検公式ガイドブックセレクション3級（2019-2023）

## 解説

(1) À (quoi) ça sert, cette machine ?「この機械は何に使うのですか」となります。ça は指示代名詞で cette machine をうけています。主語がものの場合、〈servir à + もの〉は「～に使う」という意味になります。この文のように、前置詞のあとに置かれ、ものについて問う疑問代名詞はかならず quoi になりますので、③ quoi が正答です。たとえば À quoi pensez-vous ?「あなたは何を考えているのですか」や De quoi s'agit-il ?「どうしたのですか」などがその例です。また、前置詞のあとに置かれ、人について問う疑問代名詞はかならず qui になります。たとえば De qui parlent-ils ?「彼らはだれについて話しているのですか」や Avec qui dansez-vous ?「だれと踊るのですか」などがあります。なお選択肢にはありませんが、（　　　）に qui を入れても文として成立します。〈servir à + 人〉は「～の役に立つ」という意味になりますので、À qui ça sert, cette machine ? は「この機械はだれの役に立つのですか」になります。

(2) Il n'y a (aucun) problème entre nous.「私たちの間にはなんの問題もありません」となります。文中に否定を表わす n'(ne) がありますから、否定文であることがわかります。② quelque や ③ tout を入れても否定文にならないのでこれらはまちがいです。仮に n' がなかったとすると、② quelque を入れることは可能で、その場合 Il y a quIque problème entre nous.「私たちの間にはなんらかの問題がある」となり文として成立します。選択肢のなかで ne とともに用いて否定の表現になるのは aucun だけですので、正答は ① aucun になります。不定形容詞 aucun, e は ne とともに用いて「どんな～もない」という意味になります。用例としては Elle n'a aucune envie d'y aller.「彼女は全然そこに行きたくない」、Aucun homme n'est parfait.「どんな人間も完全ではない」などがあります。また aucun, e は sans とともに用いられて否定の表現を作ることがあります。用例として sans aucun doute「疑いもなく」、sans faire aucun bruit「まったく音をたてずに」などがあります。これらの表現も合わせて覚えておきましょう。

(3) Il sent bon, ce parfum. Achetons-(le) pour maman.「この香水はいいにおいがする。お母さんのためにこれを買おう」となります。achetons は動詞 acheter「買う」の直説法現在の1人称複数の活用で、これは「～を買おう」という意味の nous に対する命令文です。フランス語で目的語となる代名詞

52

筆記試験 3

が動詞のあとに置かれるのは肯定命令文の場合だけです。その他の場合は Je l'achète.「私はそれを買う」のように目的語となる代名詞は動詞の前に置かれます。この問題のポイントは acheter の目的語 parfum「香水」が男性名詞であることです。このことは指示形容詞 ce や主語人称代名詞 il からもわかります。したがって女性名詞をうける代名詞の ① la はまちがいになります。また acheter は他動詞で直接目的語をとりますので、間接目的語の人称代名詞である ③ lui は入りません。したがって正答は ② le になります。

⑷ Mes parents habitent à Marseille. Je pense toujours à (eux).「両親はマルセイユに住んでいます。彼らのことをいつも考えています」となります。ここでは mes parents「私の両親」が人称代名詞となって前置詞 à のあとに置かれると、どのような形になるのかが問われています。② ils は主語になる人称代名詞、③ les は直接目的語になる人称代名詞ですので（　　　）に入れることができません。したがって、正答は ① eux になります。eux は 3 人称複数の人称代名詞の強勢形です。前置詞のあとに人称代名詞が置かれる場合、人称代名詞は強勢形 (moi, toi, lui, elle, nous, vous, eux, elles) になります。用例として Venez chez moi.「私の家に来てください」、Ils parlent d'elle.「彼らは彼女のことを話している」などがあります。なお中性代名詞 y は〈à + 名詞（代名詞）〉をうけますが、penser à「～について考える」の à のあとが人の場合は、原則として y penser と言いかえることができません。ただし、penser à のあとがものの場合は y penser と言いかえることができます。

**解答** (1) ③　　(2) ①　　(3) ②　　(4) ①

53

仏検公式ガイドブックセレクション 3 級（2019-2023）

練習問題 **4**

次の (1) ～ (4) の （　　） 内に入れるのにもっとも適切なものを、それぞれ
①～③のなかから 1 つずつ選び、解答欄のその番号にマークしてください。

(1)　C'est le village (　　　　) mon grand-père est né.

　　　① dont　　　　　② où　　　　　　③ que

(2)　Il y a (　　　) qui vous attend devant la porte.

　　　① aucun　　　　② chacun　　　　③ quelqu'un

(3)　Les chiens ont soif. Donne-(　　　) de l'eau, s'il te plaît.

　　　① eux　　　　　② les　　　　　　③ leur

(4)　Vous parlez de (　　　) ?

　　　① celui　　　　② personne　　　③ qui

(22 秋)

54

筆記試験 ③

## 解説

(1) C'est le village (où) mon grand-père est né. 「それは私の祖父が生まれた村です」となります。① dont は de をふくむ関係代名詞です。Je connais une fille **dont** la mère est avocate. 「私は母親が弁護士をしている少女を知っている」とか、Voilà le livre **dont** il vous a parlé. 「彼があなたに話した本がそれです」のように使いますが、この問いの文では dont はうまくつながりません。また③ que は関係代名詞としては Les roses **que** Jean m'a offertes sont très jolies. 「ジャンがプレゼントしてくれたバラの花はとってもきれいです」（関係詞節の動詞の直接目的語）や Il n'est plus l'homme **qu**'il était. 「彼はもうむかしの彼ではありません」（関係詞節の動詞の属詞）のように使いますが、ここにはうまくあてはまりません。なぜなら、関係詞節の中の動詞 est né (naître) が直接目的語や属詞をとることはないからです。「場所」を先行詞としてとる② où が正答になります。関係代名詞 où はまた「時」を先行詞とすることもあります。Je me souviens bien du jour **où** je l'ai vue pour la première fois. 「彼女とはじめて会った日のことをよく覚えています」のような例です。こちらの用法も覚えておいてください。

(2) Il y a (quelqu'un) qui vous attend devant la porte. 「ドアの前にあなたを待っている人がいます」となります。これは関係詞節 qui vous attend devant la porte 「ドアの前であなたを待っている」の主格の先行詞は何か、だれが「あなたを待っているのか」という問いです。① aucun は不定代名詞のときは、否定文で ne や sans などとともに使われますが、この文には否定を表わす語がありませんので不適切です。② chacun は不定代名詞として、「それぞれが」の意味で使われますが、これも不適切です。「だれか」を意味する③ quelqu'un が正答になります。

(3) Les chiens ont soif. Donne-(leur) de l'eau, s'il te plaît. 「犬はのどがかわいています。水をあげてください」となります。donner 「あたえる」には montrer 「見せる」や présenter 「紹介する」と同様に、直接目的語と間接目的語の両方をとる用法があります。ここで Donne-(      ) de l'eau [...] の de l'eau 「水」は donner の直接目的語で、(      ) には「水」をあたえられる間接目的語が入ります。ここで間接目的語になるのは前文にあった les chiens です。これは 3 人称で男性複数ですので③ leur が正答になります。① eux は強勢形ですので、ここでは不適切です。肯定の命令文の中で強勢形が

55

仏検公式ガイドブックセレクション 3 級（2019-2023）

使われるのは、moi と toi だけです。たとえば、Donne-**moi** de l'eau, s'il te plaît.「どうか私に水をください」のような場合です。② les は目的語人称代名詞としてはつねに直接目的語ですので、ここでは不適切です。

⑷　Vous parlez de (qui) ?「あなたはだれのことを話しているのですか」となります。指示代名詞① celui は、ふつうそのあとに〈前置詞 de ＋名詞〉か関係代名詞をともない、単独で使われることはありませんので、ここでは不適切です。また不定代名詞② personne は ne とともに使われて否定の表現を作りますので、これも不適切です。疑問代名詞③ qui が正答です。Tu penses à **qui** ?「君はだれのことを考えているの」や Il sort avec **qui** ?「彼はだれと出かけますか」なども類似の用例です。ついでに覚えておきましょう。

**解答**　(1) ②　　(2) ③　　(3) ③　　(4) ③

56

筆記試験 3

**練習問題 5**

次の (1) 〜 (4) の（　　）内に入れるのにもっとも適切なものを、それぞれ
①〜③のなかから 1 つずつ選び、解答欄のその番号にマークしてください。

(1) Elles sont maintenant à Paris, et elles (　　　) reviendront
demain.

　　① en　　　　　　② le　　　　　　③ y

(2) Lequel est ton fils dans cette photo ? (　　　) qui est à
côté de l'arbre ?

　　① Ce　　　　　　② Celle　　　　　③ Celui

(3) Ma grand-mère sait (　　　) de notre village.

　　① quoi　　　　　② rien　　　　　③ tout

(4) Monique n'est pas sortie hier. C'est vraiment (　　　)
que tu as vue au supermarché ?

　　① elle　　　　　② la　　　　　　③ lui

(22 春)

57

仏検公式ガイドブックセレクション3級 (2019-2023)

## 解 説

(1) Elles sont maintenant à Paris, et elles (en) reviendront demain. 「彼女た
ちは今パリにいますが、あしたそこから帰ってきます」となります。最初の
文に à Paris という部分があるため、つい③ y を選んでしまいがちです。実
際に誤答としても多かったのがこの③ y ですが、(　　) を含む次の文の
動詞は revenir「帰ってくる」です。もし③ y であれば、「そこ（パリ）へ帰
ってくる」ということになってしまいます。それでは文意が通じませんので、
起点「～から」の意味の de を含む① en が正答となります。直前に前置詞 à
があるからといって、〈à＋場所〉を表わす中性代名詞 y を選ぶのではなく、
動詞の意味も確認したうえで選びましょう。

(2) Lequel est ton fils dans cette photo ? (Celui) qui est à côté de l'arbre ?
「この写真のなかでどれが君の息子さんですか。木の横にいる男の子かな」
となります。まず解答の選択肢で① Ce を選んだ場合、ce qui となり、これ
は「～であるもの（こと）」など人以外のものやことを指します。すると②
Celle か③ Celui が残りますが、ここで問われているのは息子 (fils) がどれか
ということですから、男性単数名詞の代名詞として③ Celui が正答です。
fils の意味がわからなかったとしても所有形容詞 ton「君の～」を見れば fils
が男性単数名詞であることがわかります。文中にはかならずヒントが隠され
ていますから、注意深く問題文を検討しましょう。

(3) Ma grand-mère sait (tout) de notre village. 「私の祖母は私たちの村のす
べてを知っている」となります。① quoi について、今回のように疑問代名
詞としてではなく関係代名詞として用いる場合、前置詞を先立てます。この
文ではそれがありませんから、quoi は使えません。また② rien について、
通常は ne とともに用いられますから、この文では不適切です。したがって
正答は③ tout となります。

(4) Monique n'est pas sortie hier. C'est vraiment (elle) que tu as vue au
supermarché ?「モニークはきのう外出してないよ。君がスーパーマーケッ
トで見たのは本当に彼女なの」となります。まずモニークが女性であること
は 1 文目の sortie を見るとわかります。そして 2 文目が C'est ... que ... と強
調構文になっていることがわかれば、(　　) 内に入るのは代名詞の強勢
形です。すると、① elle か、③ lui のどちらかということになりますが、2

58

筆記試験 3

文目の que 以下が tu as vue となっており、voir (vue) の目的語が女性であることがわかります。avoir を用いた複合過去時制の文で過去分詞の前に直接目的語が置かれた場合には、過去分詞はその目的語の性数に一致させるという原則を思い出してください。すると、正答は ① elle になります。

**解答** (1) ①　　(2) ③　　(3) ③　　(4) ①

59

仏検公式ガイドブックセレクション3級（2019-2023）

# 4

4題ある問題文の（　　）に、共通の6つの選択肢のなかから、もっとも適切な前置詞を選ぶ問題です。配点8。

前置詞には空間的な位置や時間的な関係を示すもの、目的や手段、割合や分配を表わすものなどさまざまな使い方があります。3級レベルでは、まず、à、avec、dans、de、en、entre、par、pour といった基本的な前置詞をチェックしておきましょう。4級レベルですでに出てきている前置詞ですが、3級では、より複雑な用法が問われることになります。さらに、avant、contre、depuis、jusqu'à、pendant、sans、sur、sous、vers なども出題されていますから復習しておきましょう。辞書などを参考にしながら、個々の前置詞のもつさまざまな用法をたんねんに覚えてください。基本的な熟語の一部となっているものにもふだんから注意が必要です。

60

筆記試験 4

**練習問題 1**

次の(1)～(4)の（　　）内に入れるのにもっとも適切なものを、下の①
～⑥のなかから1つずつ選び、解答欄のその番号にマークしてください。た
だし、同じものを複数回用いることはできません。

(1)　Elle n'est pas d'accord (　　　) vous.

(2)　Il a payé (　　　) euros.

(3)　Je ne veux pas marcher (　　　) la pluie.

(4)　Patrice va à l'hôpital deux fois (　　　) mois.

　　　　① avec　　　② de　　　　③ en
　　　　④ par　　　　⑤ sous　　　⑥ sur

(21 秋)

61

仏検公式ガイドブックセレクション 3 級（2019-2023）

## 解 説

(1) Elle n'est pas d'accord (avec) vous.「彼女はあなたに賛成ではありません」となります。〈être d'accord avec ＋人〉で「(人に) 賛成する、同意する」という意味になります。よく知られている表現ということもあってか、①avec を正しく選ぶことができたようです。Je suis d'accord.「私は賛成です」は、主語と動詞をはぶいて、D'accord. と使うこともできます（これを短縮して D'ac(c)[dak]. と言うこともできます）。また、すこしレベルが上がりますが、être d'accord のうしろに pour ＋不定詞がつづくこともあります。たとえば、Elles sont d'accord pour aller au théâtre ce soir.「彼女たちは今晩劇場に行くのに賛成している」などとなります。

(2) Il a payé (en) euros.「彼はユーロで払った」となります。「通貨」で支払いを行うときには、③ en が使われます。同様に、payer **en** dollars「ドルで払う」、payer **en** yen(s)「円で払う」となります。いずれも前置詞は en です。ただし、「カードで払う」の場合は、payer avec une carte de crédit と言います。さらに具体的なカードの名前とともに、たとえば、Vous pouvez payer **avec** votre carte [de crédit] Visa ou Mastercard.「Visa カードでもマスターカードでもお支払い可能です」とも言えます。また、このごろはスマホ決済がさかんにおこなわれるようになってきていますが、J'ai payé **avec** mon smartphone. と言えば、「私はスマホ決済をした」となります。ちなみに、最近はすくなくなってきているようですが、「小切手で支払う」は payer **par** chèques となります。支払い方法や手段によって payer につづく前置詞にちがいが出てきますので、注意して覚えておきましょう。

(3) Je ne veux pas marcher (sous) la pluie.「雨のなかを歩きたくありません」となります。「なか」というと、dans と考えがちですが、「雨のなかを歩く」は marcher sous la pluie といいます。⑤ sous が正答です。同じように、se promener **sous** la pluie「雨のなかを散歩する」、nager **sous** l'eau「水中を泳ぐ」、passer **sous** la douche「シャワーをあびる」のように sous を使います。

(4) Patrice va à l'hôpital deux fois (par) mois.「パトリスは月に 2 回、病院に行く」となります。この④ par は配分や基準を表わします。Il va au cinéma une fois **par** semaine.「彼は週に 1 度映画を見に行く」（『仏検公式基本語辞

62

筆記試験 4

典』**par**）、Ma fille ne mange que deux fois **par** jour.「私の娘は 1 日に 2 回
しか食事をしません」のように使います。

**解答**　(1) ①　　(2) ③　　(3) ⑤　　(4) ④

63

仏検公式ガイドブックセレクション3級（2019-2023）

**練習問題 2**

　次の(1)〜(4)の（　　）内に入れるのにもっとも適切なものを、下の①〜⑥のなかから1つずつ選び、解答欄のその番号にマークしてください。ただし、同じものを複数回用いることはできません。

(1)　Elle a travaillé toute la journée (　　　) rien manger.

(2)　Il s'est longtemps reposé (　　　) de partir.

(3)　Je suis trop fatigué (　　　) courir plus vite.

(4)　La couleur de ma voiture est (　　　) le bleu et le vert.

　　　① avant　　　② en　　　③ entre
　　　④ pendant　　⑤ pour　　⑥ sans

(22 秋)

64

筆記試験 4

## 解 説

(**1**) Elle a travaillé toute la journée (sans) rien manger. 「彼女は1日中、何も食べずに仕事をしました」となります。（　　）のうしろには不定代名詞 rien と動詞 manger の不定詞がきています。rien は manger の直接目的語になっていると判断できますが、rien はつねに ne などの否定を表わす語といっしょに使われます。（　　）には、否定の意味を表わすとともに、うしろに動詞の不定詞がくることのできる前置詞が入るはずです。選択肢のなかでそれが可能なのは⑥ sans しかありませんので、これが正答です。

(**2**) Il s'est longtemps reposé (avant) de partir. 「彼はゆったりと休息してから出発した」となります。（　　）のうしろに前置詞 de と動詞 partir の不定詞がきています。選択肢のなかでこのような形が可能な前置詞は① avant しかありませんので、これが正答です。Je vous téléphone **avant** de partir. 「出発する前にあなたに電話します」（『仏検公式基本語辞典』**avant**）のような例文も参考にしてください。

(**3**) Je suis trop fatigué (pour) courir plus vite. 「疲れすぎているので、これ以上速く走るのはむりです」となります。（　　）のうしろに動詞 courir の不定詞がきています。直後に動詞の不定詞をみちびくことのできる前置詞は選択肢のなかでは⑤ pour と⑥ sans の2つだけです。⑥ sans は「～なしに」という意味ですので、ここでは不適切です。ここで文中の trop に注目すると、〈trop + 形容詞 A + pour + 動詞 B の不定詞〉「あまりにも A なので B ができない」の構文になっていることに気づくと思います。⑤ pour が正答です。Mon fils est **trop** petit **pour** lire. 「私の息子はまだおさなすぎて文字が読めない」や C'est **trop** beau **pour** être vrai. 「話がうますぎて信じられない」のような例文も参考にしてください。

(**4**) La couleur de ma voiture est (entre) le bleu et le vert. 「私の車の色は青と緑の中間の色です」となります。la couleur de ma voiture「私の車の色」が問題になっていて、（　　）のうしろには le bleu et le vert「青と緑」がきています。選択肢のうち、ここで意味をなすことができる前置詞は2つのものの「間に、間で」を意味する entre しかありませんので、③ entre が正答です。Quelle est la distance **entre** Paris et Lyon ?「パリとリヨンの間の距離はどれぐらいですか」や Les Alpes se trouvent **entre** la Suisse et

65

仏検公式ガイドブックセレクション3級（2019-2023）

l'Italie. アルプス山脈はスイスとイタリアの間にあります」のような例文も
参考にしてください。

**解答**　(1) ⑥　　(2) ①　　(3) ⑤　　(4) ③

筆記試験 4

**練習問題 3**

次の (1) 〜 (4) の（　　）内に入れるのにもっとも適切なものを、下の①〜⑥のなかから 1 つずつ選び、解答欄のその番号にマークしてください。ただし、同じものを複数回用いることはできません。

(1) C'est l'heure (　　　) décider.

(2) Il ne lit jamais son journal (　　　) le repas.

(3) J'apprends le français (　　　) des professeurs sympathiques.

(4) La poste se trouve (　　　) la rue à gauche.

　　① avec　　　② dans　　　③ de
　　④ en　　　　⑤ pendant　　⑥ sous

(23 春)

67

仏検公式ガイドブックセレクション 3 級（2019-2023）

## 解説

**(1)** C'est l'heure (de) décider.「決断する時だ」となります。正答は ③ de です。〈l'heure de ＋不定詞（名詞）〉は「～する（～の）決められた時」という意味で、たとえば C'est l'heure de partir.「出発する時刻だ」、C'est l'heure du dîner.「夕食の時間だ」のように使います。de 以下を省略した C'est (Il est) l'heure.「時間だ」という表現もあります。類似の表現として、〈Il est (grand) temps de ＋不定詞〉「今こそ～すべき時だ」があり、用例としては Il est temps de commencer la discussion.「今こそ議論を始める時だ」などがあります。合わせて覚えておきましょう。

**(2)** Il ne lit jamais son journal (pendant) le repas.「彼は食事中にけっして新聞を読まない」となります。正答である前置詞 ⑤ pendant は「～の間に」と「～の間ずっと」という両方の意味があり、たとえば Il est allé la voir pendant l'été. は「夏の間に彼は彼女に会いに行った」、Elle a été malade pendant l'été. は「彼女は夏の間ずっと病気だった」という意味になります。また「～の間ずっと」という意味であることをはっきりさせるために、pendant tout l'été のように tout をつけることが多いです。なお pendant のあとに時間を表わす語がくる場合は、pendant を省略することができます。たとえば Il a attendu pendant trois jours.「彼は 3 日間待った」は、Il a attendu trois jours. と言うこともできます。

**(3)** J'apprends le français (avec) des professeurs sympathiques.「私は感じのよい先生たちのもとでフランス語を学んでいる」となります。日本語の訳では「～のもとで」になりますので、一見すると前置詞 ⑥ sous が正答のように思われますが、「～の指導のもとで」という場合は〈sous la direction de ＋人〉となり、sous のすぐあとに人が置かれることはありません。正答の前置詞 ① avec は「～とともに」という意味でよく使われますが、それ以外にもさまざまな意味で用いられます。たとえば Avec un peu de patience, il aurait réussi.「もう少し忍耐力があれば、彼は成功しただろうに」のように条件を表わしたり、Avec ce bruit, je ne peux pas dormir.「この騒音のために、私は眠れない」のように原因を表わしたりします。辞書で avec の用法を確認しておきましょう。

**(4)** La poste se trouve (dans) la rue à gauche.「郵便局は左手の通りにある」

筆記試験 4

となります。rue「通り」は街のなかの道を意味しており、両側に建物が建っている状態ですので、そのイメージから前置詞は② dans「〜のなかで」になります。それに対して route「道路」は町と町を結ぶ道を意味しており、両側に建物が建っていない状態ですので sur la route「道路で」のように前置詞 sur「〜の上で」を用います。また rue は「通り」だけではなく「街、街頭」という意味もあり、用例として dans la rue「街頭で、戸外で」、être à la rue「路頭に迷う」などの前置詞を用いた表現があります。合わせて覚えておきましょう。

**解答**　(1) ③　　(2) ⑤　　(3) ①　　(4) ②

仏検公式ガイドブックセレクション 3 級（2019-2023）

## 練習問題 4

次の (1)〜(4) の（ 　 ）内に入れるのにもっとも適切なものを、下の①〜⑥のなかから 1 つずつ選び、解答欄のその番号にマークしてください。ただし、同じものを複数回用いることはできません。

(1) Ce pianiste est connu (　　　　) le monde entier.

(2) Ces gâteaux sont vendus (　　　　) le pâtissier du coin.

(3) Elle ne se sépare jamais (　　　　) son chien.

(4) Ils sont forts (　　　　) géographie.

  ① chez    ② dans    ③ de
  ④ depuis   ⑤ en     ⑥ sur

（21 春）

70

筆記試験 4

## 解説

**(1)** Ce pianiste est connu (dans) le monde entier.「そのピアニストは世界中で知られている」となります。問題文のような受動態の文では、動作主「～によって」を示す場合には par が用いられるのが一般的です。ところが、問題文の「知られている」のように、状態を表わす受動態の文の場合には par のかわりに de を用います。しかしながら、③ de を選んでしまうと、そのあとに定冠詞 le があるため、縮約しない形のままでは使うことができません。そこで、ここでは動作主が明確にされないまま、「どこで」知られているかが示されているのだと考えて、「世界中で」とするために ② dans を選びます。

**(2)** Ces gâteaux sont vendus (chez) le pâtissier du coin.「このお菓子は角のケーキ屋さんで売られている」となります。前の問題とつづけて、受動態の文の動作主ではなく場所を示す前置詞を問う問題となりました。この問題文では、もし選択肢に par があればそれを入れても文として成立しますが、① chez を入れた方がより自然です。chez は「(人)の家で」という意味の前置詞としてよく用いますが、このように、プライベートな家ではなくお店などにも用います。ただし、問題文で、chez のあとが pâtisserie ではなく le pâtissier と人を表わす語になっていることに注意しましょう。同様の用法としては、aller chez le médecin「医者にかかる」などがあります。

**(3)** Elle ne se sépare jamais (de) son chien.「彼女はけっして自分の犬と離れない」となります。se séparer de「～と別れる」という表現を問う問題です。この表現を知っていればすぐ答えられますが、少なくとも séparer「へだてる」を知っていれば、それを代名動詞にした se séparer の意味の見当がつくでしょうし、そこから、「～から」の意味を表わす前置詞 ③ de を選ぶのはそれほどむずかしくはありません。ちなみに、「別れる」という動詞としては quitter も知っておくべき語です。こちらは他動詞なので、J'ai quitté mon ami.「私は彼氏と別れた」のように使います。

**(4)** Ils sont forts (en) géographie.「彼らは地理が得意だ」となります。〈être fort en ＋無冠詞の科目名〉で「～が得意科目である」という表現です。これと関連する、より基本的な表現として、〈étudiant(e) en ＋無冠詞の科目名〉で、大学生の所属学部や専攻を表わします。たとえば、Je suis étudiant en maths.「私は数学科の学生です」となります。ただし、先生には en ではな

71

仏検公式ガイドブックセレクション 3 級（2019-2023）

く de を用い、やはり無冠詞で科目名を示します。たとえば、Il est professeur de maths.「彼は数学の先生です」のようになります。少しこまかいですが、身近な基礎表現なのでぜひ区別して覚えましょう。

**解答**　(1) ②　　(2) ①　　(3) ③　　(4) ⑤

筆記試験 4

**練習問題 5**

次の(1)～(4)の（　　）内に入れるのにもっとも適切なものを、下の①
～⑥のなかから1つずつ選び、解答欄のその番号にマークしてください。た
だし、同じものを複数回用いることはできません。なお、①～⑥では、文
頭にくるものも小文字にしてあります。

(1)　J'ai vu ce film (　　　　) la télévision.

(2)　On se retrouvera (　　　　) les vacances.

(3)　Son bureau est (　　　　) face de la gare.

(4)　(　　　　) la météo, il fera chaud cet après-midi.

　　　① à　　　　② après　　　③ depuis
　　　④ en　　　　⑤ selon　　　⑥ sous

(23 秋)

73

仏検公式ガイドブックセレクション 3 級（2019-2023）

### 解 説

⑴　J'ai vu ce film (à) la télévision.「私はテレビでその映画を見ました」と
なります。文の前半 J'ai vu ce film は「私はその映画を見た」ということで
すので、どこで見たのかを明示する前置詞が必要になります。「テレビで」
は à la télévision（あるいは略して à la télé）といいますので、① à が正答で
す。ただし、「テレビを見る」なら regarder la télévision という言い方が基
本になります。たとえば、Mes enfants regardent trop la télévision.「私の子
どもたちはテレビの見すぎです」（『仏検公式基本語辞典』**télévision**）とな
ります。

⑵　On se retrouvera (après) les vacances.「休暇が終わったあとで、また会
いましょう」となります。動詞 se retrouvera が単純未来ですので、未来の
時間をみちびくような前置詞を選ばなければなりません。選択肢のなかで適
切なものは② après しかありませんので、これが正答になります。

⑶　Son bureau est (en) face de la gare.「彼（女）のオフィスは駅の正面に
あります」となります。（　　　）のうしろの face de といっしょになって
なんらかの意味を作ることができる前置詞は④ en しかありませんので、こ
れが正答です。en face de で「～の正面に」の意味になります。Alain
habite en face de l'école.「アランは学校の真向かいに住んでいます」（『仏
検公式基本語辞典』**face**）のような例文も参考にしてください。

⑷　(Selon) la météo, il fera chaud cet après-midi.「天気予報によると、き
ょうの午後は暑くなるようです」となります。la météo「天気予報」がきょ
うの午後の天気を予想しています。fera が単純未来であることにも気をつけ
てください。きちんとした意味が成立するのは⑤ selon しかありませんので、
これが正答です。また selon には「～に応じて」の意味もあります。たとえ
ば、C'est différent selon les cas.「場合によりけりです」や Les prix ne
sont pas les mêmes selon les magasins.「価格は店によって同じではない」
（『仏検公式基本語辞典』**selon**）などの例文を参考にしてください。

### 解 答　(1) ①　　(2) ②　　(3) ④　　(4) ⑤

筆記試験 4

## 練習問題6

次の(1)～(4)の（　　）内に入れるのにもっとも適切なものを、下の①～⑥のなかから1つずつ選び、解答欄のその番号にマークしてください。ただし、同じものを複数回用いることはできません。

(1) Il lutte (　　　) la maladie depuis longtemps.

(2) Il y a une belle église (　　　) ta droite.

(3) Je suis allé à Paris en passant (　　　) Dijon.

(4) Nous réservons une chambre à l'hôtel (　　　) une nuit.

　　　① contre　　② de　　③ entre
　　　④ par　　　⑤ pour　　⑥ sur

(20 秋)

75

仏検公式ガイドブックセレクション3級（2019-2023）

## 解 説

**(1)** Il lutte (contre) la maladie depuis longtemps.「彼は長年病気と戦っている」となります。ここでは敵対関係、対立関係を表わす① contre の用法が問われています。動詞の lutter は「戦う」という意味の自動詞です。戦う相手は前置詞の contre でみちびかれます。Les médecins luttent **contre** le sida.「医者たちはエイズと戦っている」、Ma fille lutte **contre** le sommeil.「私の娘は睡魔と戦っている」のように使います。lutter のうしろには、前置詞の pour がくることもあります。このとき pour は戦う目標をみちびきます。たとえば、Ils luttent **pour** la paix.「彼らは平和のために戦っている」、Nous luttons **pour** obtenir l'indépendance.「私たちは独立を獲得するために戦っている」のように使います。選択肢のなかに⑤ pour がありますが、ここでは（　　　）のうしろに la maladie という戦うべき対象がきていますので、pour は不適切です。

**(2)** Il y a une belle église (sur) ta droite.「あなたの右側に美しい教会があります」となります。この⑥ sur は方向を表わします。C'est **sur** votre droite.「それはあなたの右手にあります」、Vous trouvez la gare **sur** votre droite.「あなたの右手に駅があります」、Tournez **sur** votre droite.「右に曲がりなさい」のように使います。前置詞 sur の次に所有形容詞がきて、そのあとに名詞がつづくという構造を取ります。ただし、「右に曲がりなさい」に関して言えば、所有形容詞を使わず、前置詞 à とともに Tournez à droite. という言い方もできます。両方とも覚えておきたい表現です。

**(3)** Je suis allé à Paris en passant (par) Dijon.「私はディジョン経由でパリに行った」となります。この④ par は通過を表わします。ほぼ同じ内容を Je suis passé **par** Dijon en allant à Paris. と書くことも可能です。この通過を表わす par の用法はかなりの頻度で登場しますので、きちんと使えるようにしておきましょう。以下にいくつか例文を示しておきますので、参考にしてください。Entrez **par** ici, s'il vous plaît.「ここからお入りください」、Elles sont sorties **par** la porte de gauche.「彼女たちは左側のドアから出ました」、Nous avons regardé **par** la fenêtre.「私たちは窓ごしに外をながめた」。

**(4)** Nous réservons une chambre à l'hôtel (pour) une nuit.「私たちは一泊の予定でホテルの部屋を予約します」となります。この⑤ pour は予定の期間

76

筆記試験 4

を表わします。前置詞の pour には、目的を表わしたり、理由を表わしたり、用途を表わしたりとさまざまな用法がありますので、それぞれの用法に応じた使い方を頭に入れておく必要があります。予定の期間を表わす例文を以下に示しておきますので、これも参考にしてください。Elle va en France **pour** un an.「彼女は 1 年間の予定でフランスに行く」、Le mariage est **pour** la semaine prochaine.「結婚式は来週に予定されています」、Nous avons pris rendez-vous **pour** demain.「私たちはあした会う約束をした」、C'est **pour** quand ?「それはいつの予定ですか」。

**解答** (1) ① (2) ⑥ (3) ④ (4) ⑤

# 5

　5つの下線部に選択肢①〜⑤の語を正しく並べ入れて文を完成し、（　　）にあてはまる語の番号を答える問題です。配点8。

　文の一部にあたる単語が5つの選択肢として用意されています。これらの単語を正しく並べて、意味の通る文を完成します。正しい語順の文を作るための文法知識がためされます。さらに上の級で仏作文をするための基礎となるような問題であるとも言えます。

　対策としては、まず、形容詞や副詞の位置を復習しておきましょう。これは4級レベルの知識ですが、3級レベルの文のなかでもつねに必要とされる基礎であることは言うまでもありません。

　4級と違うところは、動詞の法と時制が複雑になっていることです。ですので、複合時制（複合過去など）や複文（従属節）での正しい語順を正確に把握しておく必要があります。

　複合時制では、たとえば代名動詞の複合過去などが出題されます。目的語人称代名詞（me、te、se、le、la、les...）の位置や語順をしっかりおさえておきましょう。さらに、否定になった場合、ne ... pas などの位置も重要です。

　複文としては、qui、que、dont、où で始まる関係詞節や、間接話法が用いられる構文での語順などが問われます。また、比較級・最上級、強調構文、非人称構文、ジェロンディフなどについてもよく出題されますので、それぞれ語順をしっかり理解しておいてください。さらに、感覚動詞（voir、entendre など）や、使役動詞 faire、放任使役動詞 laisser を使った構文にも慣れておく必要があります。いずれの構文でも、肯定文だけでなく否定文や疑問文、命令文の語順も再確認しておきましょう。

筆記試験 5

**練習問題 1**

　例にならい、次の(1)～(4)において、それぞれ①～⑤をすべて用いて文を完成したときに、（　　）内に入るのはどれですか。①～⑤のなかから1つずつ選び、解答欄のその番号にマークしてください。

　　例：Il a ____ ____ （____） ____ ____.
　　　① dire　② fini　③ la　④ par　⑤ vérité

　　　Il a <u>fini</u> <u>par</u> (<u>dire</u>) <u>la</u> <u>vérité</u>.
　　　　　②　　④　　①　　③　　⑤

　　となり、②④①③⑤の順なので、（　）内に入るのは①。

(1)　Ça ____ ____ （____） ____ ____ sois là.

　　　① fait　　② me　　③ plaisir　④ que　　⑤ tu

(2)　Il ne ____ ____ （____） ____ ____ demain.

　　　① de　　② nécessaire　③ pas　　④ sera　　⑤ travailler

(3)　Ils n'ont ____ ____ （____） ____ ____ les invités.

　　　① assez　② de　　③ pas　　④ pour　　⑤ vin

(4)　Quel est ____ ____ （____） ____ ____ actrice ?

　　　① cette　② de　　③ film　　④ le　　⑤ meilleur

（23 春）

79

仏検公式ガイドブックセレクション3級（2019-2023）

## 解説

**(1)** 文の主語は指示代名詞 ça ですが、選択肢を見ると動詞の活用は① fait だけですので、fait が ça を主語とする動詞であることがわかります。そして〈faire plaisir à + 人〉「～を喜ばせる」という表現を知っていれば、Ça me fait plaisir. となることがわかります。また sois は être の接続法現在の2人称単数の活用ですので、その主語が⑤ tu であることが確定します。接続法のほとんどは接続詞 que にみちびかれた従属節で用いられますので、選択肢のなかで残った④ que がその接続詞であることがわかります。以上から、Ça me fait (plaisir) que tu sois là.「君がここにいてくれてうれしい」となります。正答は③ plaisir です。この文は非人称構文で、ça が形式上の主語、従属節 que tu sois là「君がここにいること」が意味上の主語になります。

**(2)** 文は人称代名詞 il から始まっていますので、この主語 il に対応する動詞を選択肢からさがすと、être の直説法単純未来の3人称の活用④ sera がそれにあたります。また文中に否定を表わす ne があり、選択肢に③ pas がありますので、Il ne sera pas から始まる否定文であることがわかります。この次に置かれるのは属詞になりますが、選択肢のなかで属詞になりうるものは形容詞② nécessaire「必要な」だけです。そして残りの2つの選択肢、つまり前置詞① de と動詞の不定詞⑤ travailler の順番は、文の最後が副詞 demain「あした」であることからも de travailler 以外はありえません。以上から、Il ne sera pas (nécessaire) de travailler demain.「あしたは仕事をする必要はない」となります。正答は② nécessaire です。この文も(1)とおなじく非人称構文で、il が形式上の主語、de travailler demain「あした仕事をすること」が意味上の主語になります。

**(3)** 文は主語人称代名詞 ils から始まり、その主語に対応する動詞 ont もあらかじめ示されています。また否定を表わす ne が文中にあり、選択肢に③ pas がありますので、Ils n'ont pas から始まる否定文であることがわかります。そして選択肢には動詞の過去分詞はありませんので、時制が複合過去ではないこともわかります。したがって次にくるのは avoir の直接目的語になりますが、〈assez de + 無冠詞名詞 + pour + 名詞〉「～にとって十分な～」という表現を知っているならば、残りの選択肢のなかで名詞は vin「ワイン」だけですから、文の後半は assez de vin pour les invités「招待客たち用に十分な量のワイン」になることがわかります。以上から、Ils n'ont pas assez

80

筆記試験 5

(de) vin pour les invités.「彼らは招待客たち用に十分な量のワインを持っていない」となります。正答は ② de です。

**(4)** 疑問形容詞を用いた属詞を尋ねる疑問文です。疑問形容詞 quel が単数の男性形ですから、主語となる名詞が単数の男性名詞であることがわかります。選択肢のなかで単数の男性名詞は ③ film「映画」しかありませんので、これが主語になります。また選択肢には男性名詞の前に置かれる定冠詞 ④ le と形容詞 bon の優等比較級 ⑤ meilleur がありますので、それらが film の前について最上級の表現 le meilleur film「もっともよい映画」になることがわかります。また指示形容詞 ① cette「この」はその形から女性名詞の actrice「（女性の）俳優」につくことがわかります。以上から、Quel est le meilleur (film) de cette actrice ?「この俳優のもっともよい映画は何ですか」となります。正答は ③ film です。

**解答**　(1) ③　　(2) ②　　(3) ②　　(4) ③

81

仏検公式ガイドブックセレクション 3 級（2019-2023）

### 練習問題 2

　例にならい、次の(1)〜(4)において、それぞれ①〜⑤をすべて用いて文を完成したときに、（　　）内に入るのはどれですか。①〜⑤のなかから 1 つずつ選び、解答欄のその番号にマークしてください。

　　例：Je finis ＿＿ ＿＿ （　　）＿＿ ＿＿ possible.
　　　① le　② mon　③ plus　④ travail　⑤ vite

　　　　Je finis <u>mon</u> <u>travail</u> <u>(le)</u> <u>plus</u> <u>vite</u> possible.
　　　　　　　　②　　④　　①　　③　　⑤

　　　となり、②④①③⑤の順なので、（　）内に入るのは①。

(1)　Il ＿＿ ＿＿ （　　）＿＿ ＿＿ l'après-midi.

　　　① a　　② à　　③ commencé　④ dans　⑤ neiger

(2)　Mon frère ＿＿ ＿＿ （　　）＿＿ ＿＿ moi.

　　　① autant　② de　　③ lit　　④ livres　⑤ que

(3)　Nous ＿＿ ＿＿ （　　）＿＿ ＿＿.

　　　① avons　② fait　③ notre　④ réparer　⑤ voiture

(4)　Tu ＿＿ ＿＿ （　　）＿＿ ＿＿ venir.

　　　① diras　② me　③ peux　④ si　⑤ tu

(19 秋)

筆記試験 5

## 解 説

**(1)** 主語は 3 人称男性単数の代名詞 il が置かれていますから、まず主語に合った動詞をさがしましょう。選択肢のなかには動詞は ① a と ③ commencé と ⑤ neiger が入っています。主語人称代名詞 il と合うのは ① a のみです。③ commencé は過去分詞であり、⑤ neiger は不定詞ですから、両者とも主語と直接組み合わされることはありません。さて、これほど多くの動詞を一つの文のなかに組み込むためにはどうすればいいでしょうか。① a は、助動詞として ③ commencé の過去分詞と結びついて複合過去を作ると考えてみましょう。③ の動詞 commencer は〈commencer à ＋不定詞〉で「～し始める」を表わしますから、commencer à neiger となって、すべての動詞が芋づる式に処理できました。なお、〈commencer par ＋不定詞〉は「～することから始める」を意味します。さて、動詞 neiger「雪が降る」は天候を表わす非人称構文を作りますから、問題文の主語 il は「彼」や具体的な男性単数名詞をうけているのではありません。残りの選択肢 ④ dans は文末の l'après-midi と結びつくと、dans l'après-midi「午後の間に」という意味になります。以上から、Il a commencé (à) neiger dans l'après-midi.「午後の間に雪が降り始めた」という文が完成します。正答は ② à になります。

**(2)** 主語が mon frère であることを念頭に置いて、文の構造を考えていきましょう。選択肢のなかで動詞は何かと見てみると、③ lit しかありません。lire「～を読む」の 3 人称単数直説法現在ですから、主語の mon frère と合っています。lire は他動詞で直接目的補語をとりますから、動詞のあとには名詞表現がつづくと考えられます。選択肢を見ますと、名詞は ④ livres のみです。しかし、通常、名詞の前には冠詞や指示形容詞や所有形容詞などの限定詞がつきますが、それらしいものは見あたりません。残りの選択肢を眺めると、① autant と ⑤ que が目に飛びこんできます。これは比較表現の一種です。形容詞や副詞の比較級は moins, aussi, plus を使います。数量を比較する場合には、優等比較と劣等比較についてはおなじく plus と moins を使いますが、同等比較に限っては aussi ではなく autant を使います。〈autant de ＋無冠詞名詞＋ que...〉「…と同じ数量の～」という形をとります。比較対象をみちびく que のあとに人称代名詞がつづくときには強勢形を用いますから、文末の moi とうまく合います。以上から、Mon frère lit autant (de) livres que moi.「兄（弟）は私と同じ冊数の本を読む」という文が完成します。

83

仏検公式ガイドブックセレクション 3 級（2019-2023）

正答は ② de です。数量比較の学習が不十分な受験生が多かったようです。これを機会におさらいをしておきましょう。

**(3)** 選択肢のうち 3 つが動詞ですが、このなかでは主語の nous につづく動詞は ① avons 以外にありません。動詞以外の選択肢である ③ notre と ⑤ voiture はそのまま notre voiture「私たちの車」として結びつきます。では残る ② fait と ④ réparer の 2 つの動詞をどのように処理するかです。② は faire の 3 人称単数直説法現在か、過去分詞のいずれかであり、④ は不定詞です。Nous avons... の直後に不定詞がつづくことはありません。一方、③ fait が過去分詞だとすれば、Nous avons fait... は複合過去を表わすことになります。しかし、これを「私たちは〜を作った、した」と考えると、④ réparer「〜を修理する」がつづきません。そこで、動詞 faire には「〜させる」を意味する使役動詞の役割があったことを思い出し、faire réparer「〜を修理させる」とします。以上から、Nous avons fait (réparer) notre voiture.「私たちは車を修理してもらった」という文が完成します。正答は ④ réparer です。

**(4)** 主語 tu につづく動詞は何かを考えてみましょう。選択肢のなかで ① diras は dire の 2 人称単数直説法単純未来であり、③ peux は pouvoir の 1・2 人称単数直説法現在です。選択肢にはこの文の主語と同じ ⑤ tu があり、接続詞の ④ si もありますから、この文は主節と従属節からなると考えられます。文末の venir という不定詞に着目すると、あたえられた選択肢のなかで不定詞をみちびくことができるのは ③ peux のみですから、従属節は si tu peux venir だと考えられます。したがって、主節の動詞は ① diras になります。残りの選択肢 ② me は 1 人称単数の目的補語代名詞です。選択肢の動詞のうち目的補語を取るのは ① diras だけであり、② me は間接目的補語代名詞として動詞の前に置かれます。以上から、Tu me diras (si) tu peux venir.「来ることができるかどうか私に言ってね」という文が完成します。si 以下の従属節は間接疑問節で、diras の直接目的補語にあたります。主節の単純未来は未来の予定・予測をおこなっているのではなく、命令・指示の用法です。正答は ④ si です。

**解答** (1) ②　　(2) ②　　(3) ④　　(4) ④

84

筆記試験 5

**練習問題 3**

例にならい、次の(1)～(4)において、それぞれ①～⑤をすべて用いて文を完成したときに、（　）内に入るのはどれですか。①～⑤のなかから1つずつ選び、解答欄のその番号にマークしてください。

例：Je ＿＿＿ ＿＿＿ （　） ＿＿＿ ＿＿＿ ma fille.
　　① de　② le　③ parapluie　④ prête　⑤ te

　　Je te prête (le) parapluie de ma fille.
　　　⑤　④　　②　　　③　　①

となり、⑤④②③①の順なので、（　）内に入るのは②。

(1)　Ce livre n'est pas ＿＿＿ ＿＿＿ （　） ＿＿＿ ＿＿＿.

　　① aussi　② crois　③ difficile　④ que　⑤ tu

(2)　Il ＿＿＿ ＿＿＿ （　） ＿＿＿ ＿＿＿ notre présidente.

　　① avoir　② confiance　③ en　④ mieux　⑤ vaut

(3)　Je l'ai ＿＿＿ ＿＿＿ （　） ＿＿＿ ＿＿＿ le parc.

　　① chien　② dans　③ promener　④ son　⑤ vu

(4)　Nous n'avons pas ＿＿＿ ＿＿＿ （　） ＿＿＿ ＿＿＿ le moment.

　　① aide　② besoin　③ de　④ pour　⑤ ton

(21 秋)

仏検公式ガイドブックセレクション 3 級（2019-2023）

## 解 説

**(1)** 主語と否定形の動詞の部分 Ce livre n'est pas があたえられています。このあと文がどうつづくのかを考えながら選択肢を見ていきましょう。すると ① aussi と ④ que から、これが同等比較級の文であることが容易に推定されます。さらに ③ difficile がありますので、これを ① aussi と ④ que ではさめばいいことがわかります。これで Ce livre n'est pas aussi difficile que までできました。あと残っている選択肢は ② crois と ⑤ tu です。これを主語 ⑤ tu、動詞 ② crois の順にならべて、これまでできあがった部分に付け加えると、Ce livre n'est pas aussi difficile (que) tu crois.「その本は君が思っているほどむずかしくはありません」という文が完成します。正答は ④ que です。同等比較級の文が否定文になると、「〜ほど〜ではない」という意味になります。また、ここでは、aussi のかわりに si を使うこともできます。この文では que 以下に比較対象の名詞ではなく、文がきています。このような例は、たとえばほかに、Ce n'est pas aussi simple que tu le dis.「それは君が言うほど単純ではないよ」（le は中性代名詞です）、Courez aussi vite que vous pourrez.「できるだけ速く走りなさい」などがあります。

**(2)** 主語の Il があたえられています。選択肢のなかに ⑤ vaut と ④ mieux がありますので、これらをつなぐと Il vaut mieux「〜したほうがいい」という非人称構文ができそうです。Il vaut mieux のあとには、不定詞か〈que ＋接続法〉の従属節がつづく可能性がありますが、選択肢に que がないので、不定詞をさがします。① avoir がそれです。これで Il vaut mieux avoir までできあがりました。残った選択肢は ② confiance と ③ en です。ここで、〈avoir confiance en ＋人〉で「（人を）信頼する」という表現になることがわかればしめたものです。以上から、Il vaut mieux (avoir) confiance en notre présidente.「私たちの大統領（議長、社長）を信じたほうがいいですよ」という文が完成します。正答は ① avoir です。なお、ここで présidente は女性形になっています。

**(3)** 文頭の部分 Je l'ai があたえられています。このあとにつづくことができるのは、選択肢 ⑤ vu しかありません。これで Je l'ai vu までできました。この l' の内容はまだなんのことかわかりませんが、とにかく「私は彼（それ）を見た」というところまではわかります。そして、ここでもう一度、選択肢をみわたすと、③ promener という動詞の不定詞があることに気づきます。

86

筆記試験 5

ここでこの文の動詞 voir のあとに、さらにまたべつの動詞 promener がくるという文の構造はどのようなものなのか想像します。この段階で、voir が感覚動詞なので、うしろに不定詞をしたがえることによって、「～するのを見る」という構造になっていると見抜く必要があります。さらに promener は他動詞ですので、promener の目的語は何かを選択肢からさがすと、④ son、① chien がありますので、son chien であることがわかります。以上から、Je l'ai vu promener (son) chien dans le parc.「私は彼が公園で犬を散歩させているのを見た」という文が完成します。正答は④ son です。

(4) 文頭の部分 Nous n'avons pas があたえられています。動詞 avoir がなんらかの名詞を目的語としてとるのか、あるいは動詞の過去分詞がきて複合過去の文をつくるのかと考えながら選択肢を見てみると、過去分詞はありませんが、② besoin が目に飛びこんできます。ここで〈avoir besoin de ＋名詞〉「（～を）必要としている」という表現が思いうかんだはずです。これで、Nous n'avons pas besoin de までできました。de につづく名詞は何かと考えつつ選択肢をもういちど見ると、⑤ ton と① aide があります。さらに残った選択肢④ pour と文末の le moment を組み合わせた pour le moment で「さしあたり」という表現になります。以上から、Nous n'avons pas besoin de (ton) aide pour le moment.「私たちはさしあたり君に助けてもらう必要はありません」という文が完成します。正答は⑤ ton です。

**解答** (1) ④　　(2) ①　　(3) ④　　(4) ⑤

87

仏検公式ガイドブックセレクション 3 級（2019-2023）

## 練習問題 4

例にならい、次の(1)〜(4)において、それぞれ①〜⑤をすべて用いて文を完成したときに、（　）内に入るのはどれですか。①〜⑤のなかから1つずつ選び、解答欄のその番号にマークしてください。

例：Je finis ＿＿ ＿＿ （　） ＿＿ ＿＿ possible.
　　① le　② mon　③ plus　④ travail　⑤ vite

　　Je finis <u>mon</u> <u>travail</u> <u>(le)</u> <u>plus</u> <u>vite</u> possible.
　　　　　　 ②　　 ④　　 ①　　 ③　　 ⑤

となり、②④①③⑤の順なので、（　）内に入るのは①。

(1)　La réunion a ＿＿ ＿＿ （　） ＿＿ ＿＿.

　　　① deux　② les　③ lieu　④ mois　⑤ tous

(2)　L'hôpital est à ＿＿ ＿＿ （　） ＿＿ ＿＿ la gare.

　　　① à　　② cinq　③ de　④ minutes　⑤ pied

(3)　L'orage ＿＿ ＿＿ （　） ＿＿ ＿＿ au tennis.

　　　① a　　② de　③ empêchés　④ jouer　⑤ nous

(4)　Ses chaussures ＿＿ ＿＿ （　） ＿＿ ＿＿.

　　　① les　② meilleures　③ miennes　④ que　⑤ sont

（22 秋）

筆記試験 5

## 解 説

(1)　主語の La réunion があたえられています。そのあとに a がつづいていますが、選択肢のなかに過去分詞はありませんので、この文の動詞の時制は複合過去ではなく、現在であることがわかります。次に、avoir の直接目的語にあたるものは何かをさがします。① deux、② les、④ mois から les deux mois「2ヵ月」という名詞句ができますが、これは意味から判断しても avoir の直接目的語としては不適切です。選択肢のなかにはもうひとつ名詞があります。③ lieu です。ここで〈avoir lieu〉「～がおこなわれる；～が起こる」という熟語表現を思い出せばしめたものです。lieu の前に冠詞はつきません。les deux mois の前に⑤ tous をつけると tous les deux mois「2ヵ月ごとに」という表現ができあがります。以上から、La réunion a lieu tous (les) deux mois.「会合は2ヵ月ごとにおこなわれる」という文が完成します。正答は② les です。

(2)　主語と動詞 L'hôpital est があたえられています。est につづく前置詞 à がどのような意味で使われているのかを考えながら選択肢を見ていきます。① à と⑤ pied から à pied「徒歩で」という表現ができます。また、② cinq と⑥ minutes から cinq minutes「5分」という表現ができます。以上を組み合わせると、L'hôpital est à cinq minutes (à) pied de la gare.「病院は駅から徒歩で5分のところにあります」という文が完成します。正答は① à です。L'hôpital est à の à は「位置、存在地点」を表わし、à pied の à は「手段」を表わしています。

(3)　主語の L'orage があたえられています。選択肢を見ると① a と③ empêchés がありますので、この文の時制は複合過去であることがわかります。ここで、過去分詞 empêchés の語末に s がついていることに注意しなければなりません。これは、他動詞 empêcher の過去分詞 empêché の前に男性複数の直接目的語が置かれていることを示しています。その直接目的語になれるのは選択肢のなかでは⑤ nous しかありません。empêcher は〈empêcher ＋人＋ de ＋不定詞〉「人が～するのをさまたげる」という構文をよくとりますが、ここでもその構文であることがわかります。ここでは「人」が nous という目的語の人称代名詞となって、過去分詞 empêché の前に置かれたので、性数一致で empêchés になったと考えます。以上から、L'orage nous a (empêchés) de jouer au tennis.「にわか雨のせいで、私たちはテニスができなかった」

89

仏検公式ガイドブックセレクション 3 級（2019-2023）

という文が完成します。正答は ③ empêchés です。

⑷　主語の Ses chaussures があたえられています。選択肢のなかに動詞は⑤ sont しかありませんので、Ses chaussures sont まではすぐにできあがります。さらに選択肢をもういちどよく見てみると、② meilleures や④ que がありますので、この文は比較級の文であることもわかります。主語の Ses chaussures と比較される対象は① les と③ miennes から les miennes だということも容易にわかるはずです。もちろん、les miennes は mes chaussures「私の靴」の意味です。Ses chaussures も所有代名詞の les miennes もともに女性名詞の複数形であること、形容詞 meilleures も女性複数形であることを確認しておきましょう。以上から、Ses chaussures sont meilleures (que) les miennes.「彼（彼女）の靴は私の靴より上等だ」という文が完成します。正答は④ que です。

**解答**　(1) ②　　(2) ①　　(3) ③　　(4) ④

90

筆記試験 5

## 練習問題 5

例にならい、次の(1)〜(4)において、それぞれ①〜⑤をすべて用いて文を完成したときに、（　　）内に入るのはどれですか。①〜⑤のなかから1つずつ選び、解答欄のその番号にマークしてください。

例：Il a ＿＿ ＿＿ （　　） ＿＿ ＿＿.

　　① dire　② fini　③ la　④ par　⑤ vérité

　　　Il a fini par (dire) la vérité.
　　　　　②　④　①　　③　⑤

となり、②④①③⑤の順なので、（　）内に入るのは①。

(1) C'est l'ami ＿＿ ＿＿ （　　） ＿＿ ＿＿ voyage.

　　① avec　　② en　　③ je　　④ pars　　⑤ qui

（22春）

(2) Ils ＿＿ ＿＿ （　　） ＿＿ ＿＿ France.

　　① allés　　② en　　③ jamais　　④ ne　　⑤ sont

（20秋）

(3) Je ＿＿ ＿＿ （　　） ＿＿ ＿＿ décidée.

　　① encore　　② me　　③ ne　　④ pas　　⑤ suis

（22春）

(4) ＿＿ ＿＿ （　　） ＿＿ ＿＿ lait.

　　① de　　② donnez　　③ lui　　④ ne　　⑤ pas

（21春）

91

仏検公式ガイドブックセレクション3級（2019-2023）

## 解説

(1)　文は C'est l'ami で始まっており、すでに文の主語、動詞がそろっていますので、つづくのは l'ami を修飾する語句ではないかと推測できます。選択肢を見ると、関係代名詞⑤ qui があり、この語が l'ami につづくのではないかと推測されますが、ここで選択肢をよく見ると、動詞は④ pars しかなく、これは partir の直説法現在1人称（2人称）単数形です。すると動詞の主語となるのは③ je となることがわかります。文の最後の語として voyage があたえられていますから、「旅行に出発する」を意味する partir en voyage という表現を知っていれば、je pars en voyage が関係代名詞節の中に含まれることがわかります。残った語は① avec で、これは〈je pars en voyage avec ＋人〉という語順になるはずですが、この文中で人を表わすのは l'ami しかありませんから、関係代名詞 qui とともに前に置いて、C'est l'ami <u>avec</u> <u>qui</u> (je) <u>pars</u> <u>en</u> voyage.「こちらが私がいっしょに旅行に出発する友人です」となります。したがって正答は③ je です

(2)　主語 Ils があたえられています。では動詞はどれでしょう。選択肢を見わたして、⑤ sont と① allés がありますので、主語とこれら2つを組み合わせれば、3人称複数の複合過去の文 Ils sont allés ができます。さらに選択肢を見ると、④ ne と③ jamais がありますので、否定文であることもすぐにわかるはずです。複合過去の否定文のときの ne、jamais は助動詞⑤ sont をはさみます。以上から、Ils <u>ne</u> <u>sont</u> (jamais) <u>allés</u> <u>en</u> France.「彼らは1度もフランスに行ったことがありません」という文が完成します。正答は③ jamais です。

(3)　文は Je から始まっていますので、まずはこの主語に対応する動詞をさがしましょう。すると⑤ suis があり、否定の③ ne と④ pas、さらに① encore がありますので、「まだ～ない」という否定文となることが推測されます。くわえて再帰代名詞の② me があり、文末には décidée と過去分詞がありますから、代名動詞 se décider「決心する」を用いた直説法複合過去の文であるとわかります。以上から、Je <u>ne</u> <u>me</u> (suis) <u>pas</u> <u>encore</u> décidée.「私はまだ決心していません」となり、正答は⑤ suis となります

(4)　ほとんどすべてが空欄になっていて、どこから手をつければいいか悩んでしまう問題です。それでも、主語となるべき語が選択肢にないということ

92

に気づけば、命令法の文を作るということがわかり、突破口となります。ただし注意するべきなのは④ ne と⑤ pas を使って否定の命令文にしなければならないということ、また③ lui の人称代名詞をどの位置に入れるかということです。否定の命令文は、平叙文の主語をはぶいた形になるので、<u>Ne lui (donnez) pas</u> de lait.「彼（彼女）に牛乳をあたえないで」という文を作ることになります。正答は②となります。① de は否定の de ですね。命令文であっても、平叙文の場合と同じように否定文のなかでは否定の de を用います。

**解答**　(1) ③　　(2) ③　　(3) ⑤　　(4) ②

仏検公式ガイドブックセレクション 3 級（2019-2023）

# 6

　AとBの対話文です。Bの発話の部分が下線になっています。3つの選択肢のなかからBの発話文としてもっとも適切なものを選択して、AとBの対話を成立させる問題です。配点8。

　対話の流れを読み取る力がどの程度身についているかをみる問題です。提案、勧誘、依頼などの対話の流れに合わせて、適切に応答する力がためされています。基本的な質問の仕方や、承諾する、賛成する、断わる、反対するときの定型表現をおさえておきましょう。最後に、自分の選んだ選択肢が、2つ目のAの発話と適合しているかどうか、よく確認してください。

筆記試験 6

**練習問題 1**

次の (1) 〜 (4) の **A** と **B** の対話を完成させてください。**B** の下線部に入れるのにもっとも適切なものを、それぞれ① 〜 ③ のなかから 1 つずつ選び、解答欄のその番号にマークしてください。

(1) **A** : Bonjour, madame. Je peux vous aider ?

    **B** : _____

    **A** : C'est au deuxième étage.

      ① Merci, vous pouvez porter ce paquet ?

      ② Non merci, c'est juste pour voir.

      ③ Oui, je cherche des chaussures pour l'été.

(2) **A** : Ça fait longtemps !

    **B** : _____

    **A** : Toi non plus.

      ① Quelle joie de te revoir !

      ② Tu es revenu de Paris ?

      ③ Tu n'as pas changé !

95

仏検公式ガイドブックセレクション 3 級 (2019-2023)

⑶　**A** : Ce sac à main est à la mode, madame.

　　**B** : _____

　　**A** : Nous en avons un autre plus petit.

　　　① En fait, je cherche un sac à dos.

　　　② Il est trop grand pour moi.

　　　③ Je n'aime pas la couleur.

⑷　**A** : Ton fils, qu'est-ce qu'il fait ?

　　**B** : _____

　　**A** : Ah, il n'est plus étudiant ?

　　　① Il travaille à la mairie.

　　　② Je ne sais pas. Il est sorti.

　　　③ Ma femme l'accompagne à l'hôpital.

(21 春)

筆記試験 6

## 解 説

(1) **A** が Bonjour, madame. Je peux vous aider ?「いらっしゃいませ、ご案内いたしましょうか」と言ったのに対して、**B** が何か言ったあと、**A** が C'est au deuxième étage.「3 階です」と応じています。**A** の 1 つ目のせりふは直訳すれば「お手伝いしてよろしいですか」となりますが、お店の店員が客に対して使う決まり文句です。ほかに Vous désirez ? という言い方もあります。**A** が店員、**B** が客として、ふたりがなんらかのお店にいるということはこのようにはじめから明らかです。選択肢は① Merci, vous pouvez porter ce paquet ?「ありがとうございます、この小包を運んでいただけますか」、② Non merci, c'est juste pour voir.「どうも、見ているだけですので」、③ Oui, je cherche des chaussures pour l'été.「あのう、夏ものの靴はどこでしょう」となっています。**A** の 2 つ目のせりふは具体的な場所を示す発言ですから（フランスでは 1 階を rez-de-chaussée というので、2 階が premier étage というように日本とはひとつずつずれるのでしたね）、**B** のせりふとしては③を選ぶのが適当です。

(2) **A** が Ça fait longtemps !「久しぶり！」と言ったのに対して、**B** が何か言ったあと、**A** が Toi non plus.「あなたもね」と応じています。選択肢は① Quelle joie de te revoir !「また会えて本当にうれしい」、② Tu es revenu de Paris ?「パリから帰ったの？」、③ Tu n'as pas changé !「変わってないね」となっていますが、日本語訳がどうなるかということ以前に、**A** の 2 つ目のせりふ、Toi non plus. は、その前の相手の発言が否定文であることを前提としたものです。否定文は③だけであり、文意から状況に合致するので、これが正答になります。肯定文の発言をうけて「あなたもね」と言う場合には Toi aussi. となりますね。

(3) **A** が Ce sac à main est à la mode, madame.「こちらのハンドバッグが流行のものです」と言ったのに対して、**B** が何か言ったあと、**A** が Nous en avons un autre plus petit.「もっと小さいサイズのものもございます」と応じています。これもまたお店でのやりとりだということがわかります。選択肢は① En fait, je cherche un sac à dos.「じつはリュックサックをさがしているんです」、② Il est trop grand pour moi.「私には大きすぎます」、③ Je n'aime pas la couleur.「色がちょっと」となっています。話が通じるのは②だけですので、これが正答となります。**A** の 2 つ目のせりふは中性代名詞

仏検公式ガイドブックセレクション 3 級（2019-2023）

en を用いた文になっています。ある特定のハンドバッグを指すのならば le と人称代名詞でうけますが、別の任意のハンドバッグのことを指しているので en が用いられています。

⑷　**A** が Ton fils, qu'est-ce qu'il fait ?「息子さんはどうしてるの」と言ったのに対して、**B** が何か言ったあと、**A** が Ah, il n'est plus étudiant ?「ああ、もう学生ではないのね」と返しています。**A** のふたつのせりふから、**B** は自分の息子の近況について話していると推測されます。選択肢は① Il travaille à la mairie.「市役所で働いています」、② Je ne sais pas. Il est sorti.「知りません。出かけました」、③ Ma femme l'accompagne à l'hôpital.「妻が病院までついていきます」となっています。状況に合致するのは①だけですので、これが正答になります。Qu'est-ce qu'il fait ? という疑問文は、文脈によって、いまどういう行為をしているかを問うこともあれば、職業を尋ねる質問にもなります。

**解答**　(1) ③　　(2) ③　　(3) ②　　(4) ①

98

筆記試験 6

**練習問題 2**

次の(1)～(4)の **A** と **B** の対話を完成させてください。**B** の下線部に入れるのにもっとも適切なものを、それぞれ①～③のなかから1つずつ選び、解答欄のその番号にマークしてください。

(1) **A** : Hier j'ai rencontré Aya.
   **B** : _____
   **A** : Non, elle était avec son copain.

   ① Elle était avec quelqu'un ?
   ② Elle était toute seule ?
   ③ Qu'est-ce qu'elle faisait alors ?

(2) **A** : Monsieur Beaumont n'est pas là ?
   **B** : _____
   **A** : D'accord. Je l'attends ici.

   ① Il revient dans un quart d'heure.
   ② Monsieur Beaumont ? C'est qui ?
   ③ Votre nom, s'il vous plaît.

99

(3) **A** : Tu connais cette actrice française ?

**B** : _____

**A** : Elle est actrice et musicienne.

① Laquelle ?

② Mais attends, elle est italienne, elle !

③ Oui, mais je croyais qu'elle était musicienne.

(4) **A** : Vous aimez le fromage ?

**B** : _____

**A** : Ah bon ? Il en mange tous les jours ?

① Moi, non. Mais mon mari adore ça.

② Oui. Il y en a toujours dans mon frigo.

③ Pas du tout. Et mon mari non plus.

(22 秋)

筆記試験 6

**解 説**

(1) **A** が Hier j'ai rencontré Aya. 「きのう、アヤに会ったよ」と言ったのに対し、**B** が何か言ったあと、**A** が Non, elle était avec son copain. 「いいえ、彼女は友だちといっしょだった」と応じています。**B** はアヤがひとりでいたのか、だれかといっしょだったのかを **A** に尋ねているのではないかと推定されます。選択肢は① Elle était avec quelqu'un ?「彼女はだれかといっしょだったの」、② Elle était toute seule ?「彼女はひとりでいたの？」、③ Qu'est-ce qu'elle faisait alors ?「彼女はそのとき何をしていたの」となっています。状況に合致するのは②だけですので、これが正答になります。

(2) **A** が Monsieur Beaumont n'est pas là ?「ボーモンさんはいらっしゃいませんか」と尋ねたのに対し、**B** が何か言ったあと、**A** が D'accord. Je l'attends ici. 「わかりました。ここで彼を待つことにします」と言っています。**A** の 2 つ目のせりふから、**B** は今ボーモンさんはいないが、すぐにやってくると **A** に答えたのではないかと推定されます。選択肢は① Il revient dans un quart d'heure. 「彼は 15 分後にもどってきます」、② Monsieur Beaumont ? C'est qui ?「ボーモンさんって、どなたですか」、③ Votre nom, s'il vous plaît. 「あなたのお名前を教えてください」となっています。状況に合致するのは①だけですので、これが正答になります。

(3) **A** が Tu connais cette actrice française ?「このフランス人の女優のこと知ってる？」と尋ねたのに対し、**B** が何か言ったあと、**A** が Elle est actrice et musicienne. 「彼女は女優だけでなくミュージシャンでもあるんだ」と言っています。**A** の 2 つ目のせりふから、**B** は **A** の最初のせりふに何か疑問をいだいたのだと推定されます。選択肢は① Laquelle ?「どのフランス人女優のこと」、② Mais attends, elle est italienne, elle ! 「ちょっと待って、彼女はイタリア人だよ」、③ Oui, mais je croyais qu'elle était musicienne. 「知ってる、でも彼女はミュージシャンだと思っていたけど」となっています。状況に合致するのは③だけですので、これが正答になります。

(4) **A** が Vous aimez le fromage ?「チーズは好きですか」と尋ねたのに対し、**B** が何か言ったあと、**A** が Ah bon ? Il en mange tous les jours ?「ああ、そうなんですか。彼は毎日食べるのですか」と尋ねています。**A** の 2 つ目のせりふから、**B** は Il「彼」にあたる人物がチーズを食べると答えたものと推

101

仏検公式ガイドブックセレクション 3 級（2019-2023）

定できます。選択肢は ① Moi, non. Mais mon mari adore ça.「私は好きでは
ありません。でも夫はチーズが大好きです」、② Oui. Il y en a toujours dans
mon frigo.「ええ好きです。私の冷蔵庫にはいつでもチーズが入っています」、
③ Pas du tout. Et mon mari non plus.「全然好きではありません。夫も私と
おなじくチーズがきらいです」となっています。状況に合致するのは①だ
けですので、これが正答になります。2 番目の **A** のせりふにあった Il は **B**
の mari「夫」であることが判明しました。

**解答** (1) ②　　(2) ①　　(3) ③　　(4) ①

筆記試験 6

**練習問題 3**

次の (1) ～ (4) の **A** と **B** の対話を完成させてください。**B** の下線部に入れるのにもっとも適切なものを、それぞれ ① ～ ③ のなかから 1 つずつ選び、解答欄のその番号にマークしてください。

(1) **A** : Ce soir, on aura le temps de se voir ?
   **B** : _____
   **A** : On se retrouve où alors ?

   ① Impossible. Je dois travailler toute la nuit.
   ② Je te répondrai plus tard.
   ③ Oui, je suis libre aujourd'hui.

(2) **A** : Je peux ouvrir la fenêtre ?
   **B** : _____
   **A** : Oui, les montagnes sont si belles !

   ① Vous avez chaud ?
   ② Vous voulez fumer ?
   ③ Vous voulez mieux voir le paysage ?

103

仏検公式ガイドブックセレクション 3 級 (2019-2023)

(3)  **A** : Si on allait au musée ?

   **B** : _____

   **A** : Non, j'ai faim. Déjeunons d'abord.

   ① Avec plaisir. On part tout de suite ?

   ② Oui, quel est ton peintre préféré ?

   ③ Pas question. Nous avons beaucoup de choses à faire.

(4)  **A** : Tu habites où ?

   **B** : _____

   **A** : Ah ! Alors, tu peux faire tes courses quand tu veux !

   ① Assez loin de la ville.

   ② Juste à côté de l'épicerie.

   ③ Tu ne savais pas ?

(19 秋)

104

筆記試験 6

**解説**

(1) **A** が Ce soir, on aura le temps de se voir ?「今晩、会える時間はある？」
と尋ねたのに対し、**B** が何か言ったあと、**A** が On se retrouve où alors ?「じ
ゃあ、どこで待ち合わせをしようか」と応じています。**A** の2つ目のせり
ふから、**B** が **A** に **B** と会う時間があると言ったと推定できます。選択肢は
① Impossible. Je dois travailler toute la nuit.「無理だな。一晩中仕事をしな
ければならないんだ」、② Je te répondrai plus tard.「あとで返事するよ」、③
Oui, je suis libre aujourd'hui.「うん、きょうは空いているよ」となっていま
す。状況に合致するのは③だけですので、これが正答になります。

(2) **A** が Je peux ouvrir la fenêtre ?「窓を開けてもいいですか」と言ったの
に対して、**B** が何か言ったあと、**A** が Oui, les montagnes sont si belles !「え
え、山々がとてもきれいなんです」と応じています。**A** の2つ目のせりふ
から、**B** は窓を開ける理由に関わる質問をしたと推定されます。選択肢は
① Vous avez chaud ?「暑いのですか」、② Vous voulez fumer ?「タバコを
吸いたいのですか」、③ Vous voulez mieux voir le paysage ?「景色をもっと
よく見たいのですか」となっています。状況に合致しているのは③だけで
すので、これが正答になります。

(3) **A** が Si on allait au musée ?「美術館に行かないかい」と **B** を誘ったの
に対し、**B** が何か言ったあと、**A** が Non, j'ai faim. Déjeunons d'abord.「い
や、お腹がすいているんだ。まず昼食をとろうよ」と答えています。**A** の1
つ目のせりふから、**B** が美術館に行く誘いを受け入れたうえで、いつ行くか
質問していると推定されます。選択肢は① Avec plaisir. On part tout de
suite ?「喜んで。すぐに出かけようか」、② Oui, quel est ton peintre préféré ?
「いいよ、君の好きな画家はだれだい」、③ Pas question. Nous avons beaucoup
de chose à faire.「とんでもない。私たちはやるべきことがたくさんあるよ」
となっています。状況に合致しているのは①だけですので、これが正答に
なります。**A** の1つ目のせりふの〈si + 半過去〉は主節が省略されています
が、これは勧誘や提案の典型的な表現のひとつです。覚えておきましょう。

(4) **A** が Tu habites où ?「君はどこに住んでいるの」と言ったのに対し、**B**
が何か言ったあと、**A** が Ah ! Alors, tu peux faire tes courses quand tu
veux !「ああ、それじゃ、君は好きなときに買い物ができるね」と応じてい

105

仏検公式ガイドブックセレクション 3 級（2019-2023）

ます。**A** の 2 つ目のせりふから、**B** は買い物をするのに便利な場所に住んでいることが推定されます。選択肢は ① Assez loin de la ville.「町からかなり遠いところだよ」、② Juste à côté de l'épicerie.「食料品店のすぐ隣だよ」、③ Tu ne savais pas ?「君、知らなかったっけ」となっています。状況に合致しているのは②だけですので、これが正答になります。

**解 答**　(1) ③　　(2) ③　　(3) ①　　(4) ②

筆記試験 6

## 練習問題 4

次の (1) 〜 (4) の **A** と **B** の対話を完成させてください。**B** の下線部に入れるのにもっとも適切なものを、それぞれ ① 〜 ③ のなかから 1 つずつ選び、解答欄のその番号にマークしてください。

(1)  **A** : Je ne trouve plus mon chapeau.

    **B** : ＿＿＿＿＿＿＿＿＿＿＿＿

    **A** : Dans un restaurant.

    ① Il est comment ?

    ② Le voilà !

    ③ Vous étiez où tout à l'heure ?

(2)  **A** : Je vais chercher Émilie à l'aéroport.

    **B** : ＿＿＿＿＿＿＿＿＿＿＿＿

    **A** : Alors, on part dans une demi-heure.

    ① Émilie, c'est qui ?

    ② Je viens avec toi.

    ③ Tu veux utiliser ma voiture ?

仏検公式ガイドブックセレクション 3 級 (2019-2023)

(3)　**A** : Qu'est-ce que tu vas faire pour Noël ?

　　　**B** : _____

　　　**A** : Tu ne prends pas de vacances ? Tant pis pour toi.


　　　① Je vais aller faire du ski avec ma copine.

　　　② Je vais me reposer chez mon grand-père.

　　　③ Je vais travailler dans un magasin.


(4)　**A** : Tu te souviens de Léo ?

　　　**B** : _____

　　　**A** : Non. Il n'a pas d'enfant.


　　　① Ce n'est pas le père de Paul ?

　　　② C'est un beau garçon qui est devenu avocat ?

　　　③ Quel Léo ? Je connais beaucoup de Léo.

(21 秋)

筆記試験 6

## 解説

(1) **A** が Je ne trouve plus mon chapeau.「帽子がみつかりません」と言った
のに対し、**B** が何か言ったあと、**A** が Dans un restaurant.「レストランのな
かです」と応じています。**B** は何か場所に関する質問を **A** にしたのではな
いかと推定されます。選択肢は ① Il est comment ?「それはどんな帽子です
か」、② Le voilà !「ほら、ここにあります」、③ Vous étiez où tout à l'heure ?
「先ほどまであなたはどこにいたのですか」となっています。状況に合致す
るのは③だけですので、これが正答になります。

(2) **A** が Je vais chercher Émilie à l'aéroport.「空港までエミリーをむかえ
に行ってきます」と言ったのに対し、**B** が何か言ったあと、**A** が Alors, on
part dans une demi-heure ?「じゃあ、30分後に出発しよう」と言っています。
**A** の2つ目のせりふから、**A** と **B** はいっしょにエミリーを空港までむかえ
に行くことになったのではないかと推定されます。選択肢は ① Émilie, c'est
qui ?「エミリーって、だれですか」、② Je viens avec toi.「ぼくも君といっ
しょに行くよ」、③ Tu veux utiliser ma voiture ?「君はぼくの車を使いたい
のかな」となっています。状況に合致するのは②だけですので、これが正
答になります。

(3) **A** が Qu'est-ce que tu vas faire pour Noël ?「クリスマスの予定は何か
ある」と尋ねたのに対し、**B** が何か言ったあと、**A** が Tu ne prends pas de
vacances ? Tant pis pour toi.「休みをとらないのかい。かわいそうに」と言
っています。**A** の2つ目のせりふから、**B** はクリスマスの休暇どころではな
いと答えたものと推定されます。選択肢は ① Je vais aller faire du ski avec
ma copine.「ガールフレンドとスキーをしに行きます」、② Je vais me reposer
chez mon grand-père.「おじいさんのところで休息するつもりだ」、③ Je vais
travailler dans un magasin.「店で働くつもりだ」となっています。状況に合
致するのは③だけですので、これが正答になります。

(4) **A** が Tu te souviens de Léo ?「レオのことを覚えてる？」と尋ねたのに
対し、**B** が何か言ったあと、**A** が Non. Il n'a pas d'enfant.「いいや。彼に
は子どもはいないよ」と言っています。**A** の2つ目のせりふから、**B** は **A**
に子どもがいるかのような発言をしたと推定できます。選択肢は ① Ce n'est
pas le père de Paul ?「レオって、ポールのお父さんのことじゃないのかな」、

109

仏検公式ガイドブックセレクション 3 級 (2019-2023)

② C'est un beau garçon qui est devenu avocat ?「レオって、弁護士になった美男子のことかい」、③ Quel Léo ? Je connais beaucoup de Léo.「どのレオのことだい。ぼくはレオという名前の人物をたくさん知っているから」となっています。状況に合致するのは①だけですので、これが正答になります。

**解 答**　(1) ③　　(2) ②　　(3) ③　　(4) ①

110

筆記試験 6

## 練習問題 5

次の (1) ～ (4) の **A** と **B** の対話を完成させてください。**B** の下線部に入れるのにもっとも適切なものを、それぞれ ① ～ ③ のなかから 1 つずつ選び、解答欄のその番号にマークしてください。

(1) **A** : Comment allez-vous à Hokkaido ?

    **B** : _____

    **A** : Mais ça doit prendre beaucoup de temps, non ?

    ① Aucune raison !

    ② Je vais bien merci.

    ③ J'y vais en bateau.

(2) **A** : Est-ce que tu as acheté des tomates ?

    **B** : _____

    **A** : Ce n'est pas grave, je vais en acheter.

    ① Je t'ai déjà dit que j'en avais acheté.

    ② Oui, j'en ai pris deux kilos.

    ③ Zut ! J'ai oublié.

111

仏検公式ガイドブックセレクション 3 級 (2019-2023)

(3)  **A** : Je voudrais un pain au chocolat.

  **B** : _____

  **A** : C'est dommage. Il reste encore des croissants ?

① D'accord, et avec ça ?

② Désolé, il n'y en a plus.

③ Nous n'avons plus que des croissants.

(4)  **A** : Où sommes-nous ?

  **B** : _____

  **A** : Tant mieux ! Dépêchons-nous !

① C'est vrai que nous sommes perdus.

② D'après la carte, notre hôtel n'est pas loin.

③ Je ne sais pas.

(23 春)

筆記試験 [6]

**解説**

(1) **A** が Comment allez-vous à Hokkaido ?「どのようにして北海道に行くのですか」と尋ねています。この場合、comment は交通手段を尋ねる疑問副詞です。この **A** の質問に対して、**B** が何か答えたあとに、**A** が Mais ça doit prendre beaucoup de temps, non ?「しかし、それだと時間がかかることでしょうね」と言っています。**A** の2つ目のせりふから、**B** はなんらかの交通手段を答えたのだと考えられます。選択肢は ① Aucune raison !「理由なんてありません」、② Je vais bien merci.「私は元気です。ありがとう」、③ J'y vais en bateau.「私は船でそこに行きます」となっています。会話が成立するのは③だけですので、これが正答になります。

(2) **A** が Est-ce que tu as acheté des tomates ?「トマトを買いましたか」と尋ねています。この **A** の質問に対して、**B** が何か答えたあとに、**A** が Ce n'est pas grave, je vais en acheter.「たいしたことじゃない。私がそれを買いに行こう」と応じています。**A** の2つ目のせりふから、**B** がなんらかの失敗をおかしたことを **A** に伝えたのだと考えられます。選択肢を見ると、① Je t'ai déjà dit que j'en avais acheté.「すでに言ったように私が買いました」、② Oui, j'en ai pris deux kilos.「はい、それを2キロ買いました」、③ Zut ! J'ai oublié.「しまった。忘れていたよ」となっています。状況に合致するのは③だけですので、これが正答となります。**A** の2つ目のせりふにある en と②のせりふにある en は中性代名詞でどちらも des tomates をうけています。

(3) **A** が Je voudrais un pain au chocolat.「パン・オ・ショコラをください」と言ったのに対して、**B** が何か答えたあとに、**A** が C'est dommage. Il reste encore des croissants ?「それは残念です。まだクロワッサンは残っていますか」と尋ねています。選択肢は ① D'accord, et avec ça ?「わかりました。ほかに買いたいものはありますか」、② Désolé, il n'y en a plus.「すみません。もうありません」、③ Nous n'avons plus que des croissants.「もうクロワッサンしかありません」となっています。**A** が2つ目のせりふで「それは残念です」と言っていますので、買おうと思ったパン・オ・ショコラがなかったのだと考えられます。したがって正答は②になります。

(4) **A** が Où sommes-nous ?「われわれは今どこにいるのだろうか」と尋ねたのに対して、**B** が何か答えたあとに、**A** が Tant mieux ! Dépêchons-

113

仏検公式ガイドブックセレクション 3 級（2019-2023）

nous !「よかった、急ぎましょう」と言っています。選択肢を見ると、① C'est vrai que nous sommes perdus.「確かにわれわれは道に迷っている」、② D'après la carte, notre hôtel n'est pas loin.「地図によると、われわれのホテルは遠くない」、③ Je ne sais pas.「わかりません」となっています。**A** の 1 つ目のせりふから **A** と **B** が道に迷っていることがわかります。**A** が 2 つ目のせりふで「よかった」と言っていますので、**B** が **A** を安心させるようなせりふを言ったことが推測できます。この条件に合致するのは②だけですので、これが正答になります。

**解答**　(1) ③　　(2) ③　　(3) ②　　(4) ②

114

筆記試験 7

# 7

　この問題にはふたつの出題形式があります。6つの問題文のそれぞれの
（　　）に入れるべき適切な語を8つの選択肢から選んで文を完成させる形
式のものと、（　　）のない6つの問題文のそれぞれの内容に関連する語を
8つの選択肢から選ぶ形式のものです。配点6。

　ここ数年は、前者の出題形式が主流になっています。いずれにしても、短
文を読んで、何が問題になっているかを判断する能力が問われていることに
変わりはありません。文そのものは単文が多く、たいてい直説法現在で書か
れていますので、理解しにくくはないはずです。文法の知識というよりは、
語彙力が問われています。ただ、問題文には人称代名詞や中性代名詞なども
使われていますので、その用法にも習熟しておくことが必要です。
　対策としては、まず4級レベルまでの単語を復習して、基礎となる語彙力
をつけておくことです。そのうえで3級レベルの単語を着実に蓄積していき
ましょう。ぜひ『仏検公式基本語辞典』を活用してください。

115

仏検公式ガイドブックセレクション 3 級（2019-2023）

### 練習問題 1

次の (1) ～ (6) の （　　） 内に入れるのにもっとも適切なものを、下の①
～⑧のなかから 1 つずつ選び、解答欄のその番号にマークしてください。た
だし、同じものを複数回用いることはできません。

(1)　Cet acteur joue bien dans cette (　　　　) d'amour.

(2)　Cette église est un (　　　　) historique très connu.

(3)　D'habitude, André achète ses fruits au (　　　　).

(4)　Il va pleuvoir : le (　　　　) est couvert de nuages noirs.

(5)　Parlez plus fort. Ouvrez bien la (　　　　).

(6)　Quelle est votre deuxième (　　　　) étrangère, le français
　　ou l'allemand ?

　　① bouche　　　② ciel　　　③ langue　　　④ marché
　　⑤ monument　　⑥ scène　　⑦ viande　　⑧ voix

(19 秋)

116

筆記試験 7

## 解説

(1) Cet acteur joue bien dans cette ( ) d'amour.「この俳優はその愛の（　　　）でうまく演じている」となっています。（　　　）の直前に指示形容詞 cette がありますので、女性名詞で、俳優の演技と関連する単語を選択肢のなかから選ばなければなりません。この条件にあてはまるのは、⑥ scène「場面」になります。ちなみに、scène d'amour「ラブシーン」の amour は、scène「場面」の種類を表わしていますから、このとき冠詞をつけません。

(2) Cette église est un ( ) historique très connu.「この教会はとても有名な歴史的（　　　）である」となっています。（　　　）は「歴史的な」という形容詞をともなって、教会を別の表現で言いかえる男性名詞です。それに適した選択肢は、⑤ monument「記念建造物」しかありません。

(3) D'habitude, André achète ses fruits au ( ).「いつも、アンドレはくだものを（　　　）で買う」となっています。（　　　）の前に au という、場所などを表わす前置詞 à と定冠詞 le の縮約形がありますので、男性名詞で、かつ、くだものを購入する場所を選択肢のなかから選ばなければなりません。この条件にあてはまるのは、④ marché「市場」になります。

(4) Il va pleuvoir : le ( ) est couvert de nuages noirs.「雨が降りそうだ。（　　　）は黒い雲で覆われている」となっています。（　　　）の前に定冠詞 le がありますので、男性名詞で、天気とかかわり、雲に覆われている単語を選択肢のなかから選ばなければなりません。この条件にあてはまるのは② ciel「空」です。

(5) Parlez plus fort. Ouvrez bien la ( ).「もっと大声で話してください。（　　　）をよく開けてください」となっています。（　　　）の前に定冠詞 la がありますので、女性名詞で、かつ、大声で話すために開けるべきものを選択肢のなかから選ばなければなりません。この条件にあてはまるものは、① bouche「口」になります。⑧ voix「声」の誤答が比較的多かったです。確かに声にかかわることが話題になってはいますが、声と ouvrir「開ける」が直接結びつくことは考えられません。

(6) Quelle est votre deuxième ( ) étrangère, le français ou l'allemand ?

117

仏検公式ガイドブックセレクション3級（2019-2023）

「きみの第二外国語は何だい、フランス語かな、それともドイツ語かな」と
なっています。（　　　）のあとに étrangère という女性単数形の形容詞がつ
き、さらにそのあとに、2つの言語名があげられています。それを手がかり
にすると、女性名詞で、かつ言語にかかわる単語を選択肢のなかから選ばな
ければなりません。この条件にあてはまるものは③ langue「言語」になり
ます。

　　正答とならなかった選択肢は、⑦ viande 囡「肉」と⑧ voix 囡「声」です。

**解答**　(1) ⑥　　　(2) ⑤　　　(3) ④　　　(4) ②　　　(5) ①　　　(6) ③

筆記試験 7

## 練習問題 2

次の (1) ～ (6) の（　　）内に入れるのにもっとも適切なものを、下の①
～⑧のなかから 1 つずつ選び、解答欄のその番号にマークしてください。た
だし、同じものを複数回用いることはできません。

(1) Comme plat chaud, beaucoup d'enfants préfèrent la
viande au (　　　).

(2) Faites la (　　　) et attendez votre tour.

(3) Je veux boire du (　　　) d'orange, s'il vous plaît.

(4) Quelle est la (　　　) entre la Terre et la Lune ?

(5) Tu as vu le (　　　) de ce sac ? C'est cher !

(6) Vous pouvez utiliser ce (　　　) pour vous laver les
mains.

① chemise　② distance　③ jus　④ lit
⑤ poisson　⑥ prix　⑦ queue　⑧ savon

(20 秋)

119

仏検公式ガイドブックセレクション 3 級 (2019-2023)

## 解 説

(1)  Comme plat chaud, beaucoup d'enfants préfèrent la viande au (　　　).
「あたたかい料理を食べるなら、多くの子どもたちは（　　　）よりも肉の
ほうが好きだ」となっています。（　　　）の前に前置詞 à と定冠詞 le の縮
約形 au がありますので、単数の男性名詞で、かつあたたかく調理して食べ
ることのできるものを選択肢のなかから選ばなければなりません。この条件
にあてはまるのは、⑤ poisson「魚」になります。③ jus「ジュース」は「飲
み物」であり、加熱して plat「料理」として出されるものではありませんの
で不適切です。

(2)  Faites la (　　　) et attendez votre tour.「（　　　）を作って、あなた
の順番を待ちなさい」となっています。（　　　）の前に定冠詞 la がありま
すので、単数の女性名詞を選択肢のなかから選ばなければなりません。ここ
で tour は「順番」の意味で使われています。「順番を待つ」ために何を作ら
なければならないのかが問われています。選択肢のなかの女性名詞①
chemise「シャツ」、② distance「距離」、⑦ queue「列」のうち、この条件に
あてはまるものは⑦ queue だけです。

(3)  Je veux boire du (　　　) d'orange, s'il vous plaît.「オレンジの（　　　）
を飲みたいのですが」となっています。（　　　）の前に部分冠詞 du があ
りますので、男性名詞で、かつ boire「飲む」ことができ、orange「オレンジ」
から作ることのできるものを選択肢のなかから選ばなければなりません。こ
の条件にあてはまるものは③ jus「ジュース」になります。

(4)  Quelle est la (　　　) entre la Terre et la Lune ?「地球と月の間の
（　　　）はどれくらいですか」となっています。文頭の疑問形容詞 Quelle
や （　　　）の前の定冠詞 la から判断して、単数の女性名詞で、「地球と月
の間」にかかわるものを選択肢のなかから選ばなければなりません。この条
件あてはまるものは② distance「距離」になります。なおここでは la Terre、
la Lune のように Terre も Lune も最初の文字が大文字になっていますが、こ
れは天文学の観点から見た地球や月を表現しています。同様に、La Terre
tourne autour du Soleil.「地球は太陽のまわりをまわっている」のような例
文もよく見かけますので記憶しておいてください。

(5)  Tu as vu le (　　　) de ce sac ? C'est cher !「このバッグの（　　　）

筆記試験 7

を見たかい。高いね！」となっています。（　　　）の前に定冠詞 le があり
ますので、単数の男性名詞で、物の値段の高低にかかわるものを選択肢のな
かから選ばなければなりません。この条件にあてはまるものは⑥ prix「価格」
になります。

(6)　Vous pouvez utiliser ce (　　　) pour vous laver les mains.「この
（　　　）で手を洗ってもいいよ」となっています。（　　　）の前に指示形
容詞 ce がありますので、単数の男性名詞で、手を洗うときに使うものを選
択肢のなかから選ばなければなりません。この条件にあてはまるものは⑧
savon「せっけん」になります。

　　正答とならなかった選択肢は、① chemise 囡「シャツ」と④ lit 囲「ベッ
ド」です。

**解答**　(1) ⑤　　　(2) ⑦　　　(3) ③　　　(4) ②　　　(5) ⑥　　　(6) ⑧

121

仏検公式ガイドブックセレクション 3 級 (2019-2023)

**練習問題 3**

次の (1) 〜 (6) の （　） 内に入れるのにもっとも適切なものを、下の①〜⑧のなかから 1 つずつ選び、解答欄のその番号にマークしてください。ただし、同じものを複数回用いることはできません。

(1) Ce fleuve a une (　　　　) de 200 km.

(2) La boulangerie se trouve au (　　　　) de la rue.

(3) Notre chef porte toujours un (　　　　) bleu.

(4) Quelle est votre (　　　　) de naissance ?

(5) Que voulez-vous comme (　　　　), du vin ou de l'eau minérale ?

(6) Vous connaissez le (　　　　) de son nouveau roman ?

① boisson ② chemin ③ coin ④ costume
⑤ date ⑥ gare ⑦ longueur ⑧ titre

(23 秋)

122

### 解説

(1) Ce fleuve a une (　　) de 200 km.「この川は200キロメートルの（　　）があります」となっています。（　　）の前に不定冠詞 une がありますので、女性名詞で、川に関連するものを選択肢のなかから選ばなければなりません。この条件にあてはまるものは ⑦ longueur「長さ」だけです。

(2) La boulangerie se trouve au (　　) de la rue.「パン屋さんは通りの（　　）にあります」となっています。（　　）の前に au がありますので、男性名詞で、かつ場所に関連するものを選択肢のなかから選ばなければなりません。この条件にあてはまるものは ③ coin「角、コーナー」だけです。

(3) Notre chef porte toujours un (　　) bleu.「私たちの主任はいつも青の（　　）を着ています」となっています。（　　）の前の un やうしろの形容詞 bleu が男性形ですので、男性名詞で、かつ衣服に関連するものを選択肢のなかから選ばなければなりません。この条件にあてはまるものは ④ costume「スーツ」になります。

(4) Quelle est votre (　　) de naissance ?「あなたの生まれた（　　）は何ですか」となっています。文頭の疑問形容詞 Quelle が女性形ですので、女性名詞で、生まれることに関連するものを選択肢のなかから選ばなければなりません。この条件にあてはまるものは ⑤ date「日付」だけであり、「あなたの誕生日はいつですか」と尋ねていたことがわかります。

(5) Que voulez-vous comme (　　), du vin ou de l'eau minérale ?「（　　）は何がいいですか、ワインにしますか、ミネラルウォーターにしますか」となっています。（　　）の前後には（　　）に入る名詞が男性名詞なのか女性名詞なのかの判断を可能にしてくれる単語はありませんが、飲み物に関連する単語であることが推測できます。この条件にあてはまるものは ① boisson 囡「飲み物」だけです。

(6) Vous connaissez le (　　) de son nouveau roman ?「あなたは彼（彼女）の新しい小説の（　　）を知っていますか」となっています。（　　）の前に定冠詞 le がありますので、男性名詞で小説に関連するものを選択肢のなかから選ばなければなりません。この条件にあてはまるものは ⑧ titre「題、タイトル」になります。

仏検公式ガイドブックセレクション 3 級（2019 - 2023）

正答とならなかった選択肢は、② chemin 男「道」と ⑥ gare 女「駅」です。

**解 答**　(1) ⑦　　(2) ③　　(3) ④　　(4) ⑤　　(5) ①　　(6) ⑧

筆記試験 7

### 練習問題 4

次の(1)～(6)の（　）内に入れるのにもっとも適切なものを、下の①
～⑧のなかから1つずつ選び、解答欄のその番号にマークしてください。た
だし、同じものを複数回用いることはできません。

(1) Chaque (　　　) de France a sa propre cuisine.

(2) J'ai mal à la tête, j'ai peut-être de la (　　　).

(3) Nous n'avons pas la (　　　) d'entrer dans ce bâtiment.

(4) Nous sommes invités au (　　　) de ma cousine.

(5) On fait la queue au (　　　) du théâtre.

(6) Qui est le (　　　) à la cravate verte ?

　　① face　　　② fièvre　　　③ guichet　　　④ jus
　　⑤ mariage　　⑥ monsieur　　⑦ permission　　⑧ région

(21 秋)

125

仏検公式ガイドブックセレクション 3 級 (2019-2023)

**解説**

(1) Chaque (　　　) de France a sa propre cuisine.「フランスのどの (　　　)にも独自の料理がある」となっています。不定形容詞 chaque のうしろには男性名詞も女性名詞もくることができますので、選択肢の名詞が男性か女性かでは答えを判別できません。選択肢の意味から最適なものを選ばなければなりません。答えをみつけるうえでいちばんのヒントになるのは「独自の料理」という表現でしょう。フランスにかかわるもので、かつ「独自の料理」をもっているものは何かと考えつつ選択肢を見わたすと ⑧ région 囡「地域」だということがわかります。sa propre cuisine の sa は région をうけています。

(2) J'ai mal à la tête, j'ai peut-être de la (　　　).「頭痛がします、おそらく (　　　) があると思います」となっています。(　　　) の前に部分冠詞 de la がありますので、「頭痛」にかんするもので、かつ数えることのできない女性名詞を選択肢のなかから選ばなければなりません。この条件にあてはまるものは ② fièvre「熱」だけです。

(3) Nous n'avons pas la (　　　) d'entrer dans ce bâtiment.「私たちはその建物のなかに入る (　　　) がありません」となっています。(　　　) の前に定冠詞 la がありますので、女性名詞で、かつ「建物のなかに入る」ために必要なものを選択肢のなかから選ばなければなりません。この条件にあてはまるものは ⑦ permission「許可」になります。

(4) Nous sommes invités au (　　　) de ma cousine.「私たちは私のいとこの (　　　) に招待されています」となっています。(　　　) の前に縮約形の au がありますので、男性名詞で、かつ人々を「招待する」ことにかんするものを選択肢のなかから選ばなければなりません。この条件にあてはまるものは ⑤ mariage「結婚式」だけです。

(5) On fait la queue au (　　　) du théâtre.「劇場の (　　　) で人々が列を作っています」となっています。(　　　) の前に縮約形の au がありますので、男性名詞で、かつ「劇場」にあって、「人々が列を作る」ところを選択肢のなかから選ばなければなりません。この条件にあてはまるものは ③ guichet「窓口」になります。guichet という単語そのものが知られていなかったものと推定されますが、日常的によく使われる単語ですので、ぜひ覚え

ておいてください。Où est le guichet, s'il vous plaît.「窓口はどこですか」
(『仏検公式基本語辞典』**guichet**）のような文も参考にしてください。また、
faire la queue「列を作る」の表現もよく見かけます。こちらも、Faites la
queue comme tout le monde.「みんなと同じように並んでください」（同、
**queue**）のような文といっしょに覚えておきましょう。

⑹　Qui est le (　　　) à la cravate verte ?「緑のネクタイをしめた（　　　）
はだれですか」となっています。（　　　）の前に定冠詞 le がありますので、
単数の男性名詞で、かつ「ネクタイ」をしめることにかかわるものを選択肢
のなかから選ばなければなりません。この条件にあてはまるものは⑥
monsieur「男の人」になります。

　　正答とならなかった選択肢は、① face 囡「顔」と④ jus 囲「ジュース」
です。

**解答**　⑴⑧　　⑵②　　⑶⑦　　⑷⑤　　⑸③　　⑹⑥

仏検公式ガイドブックセレクション 3 級（2019-2023）

**練習問題 5**

次の (1) ～ (6) の（　　）内に入れるのにもっとも適切なものを、下の①～⑧のなかから 1 つずつ選び、解答欄のその番号にマークしてください。ただし、同じものを複数回用いることはできません。

(1) Cette (　　　) de voitures emploie 1 200 personnes.

(2) Il y a une table en (　　　) dans la cuisine.

(3) J'ai pris un billet de première (　　　).

(4) La (　　　) de cette montagne est de 875 mètres.

(5) Si on répète dix fois la même chose, cela deviendra une (　　　).

(6) Vous avez le (　　　) entre le café et le thé.

① bois　　② bras　　③ choix　　④ classe
⑤ départ　　⑥ habitude　　⑦ hauteur　　⑧ usine

(21 春)

128

筆記試験 7

## 解 説

**(1)** Cette (　　　) de voitures emploie 1 200 personnes.「この自動車（　　　）は1200人を雇っている」となっています。（　　　）の直前には cette がありますので、女性名詞で、かつ人を雇う主体となるようなものを選択肢のなかから選ばなければなりません。この条件にあてはまるのは、⑧ usine「工場」になります。

**(2)** Il y a une table en (　　　) dans la cuisine.「キッチンには（　　　）のテーブルがある」となっています。en は table「テーブル」と隣接しており、素材を表わす用法で用いられていると考えられます。実際、選択肢には① bois 囲「木」があり、une table en bois「木製のテーブル」となります。

**(3)** J'ai pris un billet de première (　　　).「私は1番目の（　　　）の切符を買った」となっています。première の意味は「最初の、1番目の」ですが、（　　　）を残したままでは正確な意味は決められません。ただ、premier ではなく première と女性形になっていることから、（　　　）には女性名詞が入るとわかります。そのうち、意味をなすものは④ classe「階級、クラス」で、これを入れると première classe「1等の席」となって文意が通じます。

**(4)** La (　　　) de cette montagne est de 875 mètres.「この山の（　　　）は875メートルだ」となっています。定冠詞 la がついていますから、（　　　）には女性名詞が入るとわかります。意味のある文をなす選択肢は⑦ hauteur「高さ」ですね。形容詞 haut の名詞形です。名詞、形容詞ともに有音の h で始まる語だということも合わせて覚えておきましょう。前の語とのリエゾン、エリジョン、アンシェヌマンをしません。ここでも la hauteur と、エリジョンをしない形になっていますね。

**(5)** Si on répète dix fois la même chose, cela deviendra une (　　　).「10回同じことを繰り返せば、それは（　　　）となる」となっています。やはり冠詞 une があることが手がかりとなります。選択肢のなかで、女性名詞で（　　　）を埋めて文意をなすのは⑥ habitude「習慣」だけです。現実的な仮定とその帰結を表わす基本構文、〈Si ＋直説法現在、直説法未来の主節〉も身につけておきましょう。

129

仏検公式ガイドブックセレクション 3 級（2019-2023）

(6) Vous avez le (　　　) entre le café et le thé. 「あなたはコーヒーと紅茶のあいだの（　　　）を持っています」となっています。前置詞 entre の意味としてはじめにうかぶのは「あいだ」ですが、選択肢を示して「～から」の意味で用いることもあります。そのことに思いあたれば、③ choix「選択」を入れて、「コーヒーか紅茶から選べます」という文を作ることができます。

正答とならなかった選択肢は、② bras 囲「腕」と⑤ départ 囲「出発」です。

**解答**　(1) ⑧　　(2) ①　　(3) ④　　(4) ⑦　　(5) ⑥　　(6) ③

筆記試験 7

## 練習問題 6

次の (1)〜(6) の (　　) 内に入れるのにもっとも適切なものを、下の ①
〜⑧ のなかから 1 つずつ選び、解答欄のその番号にマークしてください。た
だし、同じものを複数回用いることはできません。

(1)　Elle a mis de la monnaie dans sa (　　　　).

(2)　Nous avons eu une longue (　　　) sur l'environnement.

(3)　Passez-moi une (　　　　) pour servir ce poisson.

(4)　Pour rester en bonne (　　　　), on doit faire du sport.

(5)　Quelle (　　　　) ! Allons vite dans un endroit frais.

(6)　Sa (　　　) de parler me rappelle mon oncle Thomas.

　　① assiette　　② chaleur　　③ discussion　　④ façon
　　⑤ fenêtre　　⑥ figure　　⑦ poche　　⑧ santé

(22 秋)

131

仏検公式ガイドブックセレクション3級（2019-2023）

## 解説

　まず選択肢を確認すると、すべてが単数の女性名詞であることがわかります。

**(1)** Elle a mis de la monnaie dans sa (　　　).「彼女は彼女の（　　　）のなかに小銭を入れた」となっています。（　　　）の前に所有形容詞 sa がありますので、女性名詞で小銭を入れることのできるものを選択肢のなかから選ばなければなりません。この条件にあてはまるものは⑦ poche「ポケット」だけです。

**(2)** Nous avons eu une longue (　　　) sur l'environnement.「私たちは環境に関して長時間（　　　）をした」となっています。「環境」に関して「長時間」することができるものを選択肢のなかから選ばなければなりません。この条件にあてはまるものは③ discussion「議論」だけです。

**(3)** Passez-moi une (　　　) pour servir ce poisson.「この魚を取ってあげるから（　　　）を貸してください」となっています。servir ce poisson とは、「魚料理を給仕する」ということです。その魚料理を食べることができるように、切りわけたりのせたりすることのできる器具を選択肢のなかから選ばなければなりません。この条件にあてはまるものは① assiette「皿」になります。なお、「皿」には plat もありますが、こちらは assiette よりも大きめのもりつけ用の皿になります。

**(4)** Pour rester en bonne (　　　), on doit faire du sport.「よい（　　　）をたもつためには、スポーツをしなければならない」となっています。スポーツをすることでいい状態にたもつことができるものを選択肢のなかから選ばなければなりません。この条件にあてはまるものは⑧ santé「健康」だけです。

**(5)** Quelle (　　　) ! Allons vite dans un endroit frais.「なんて（　　　）だろう。早く涼しいところに行きましょう」となっています。涼しいところにのがれて、しのごうとするものを選択肢のなかから選ばなければなりません。この条件にあてはまるものは② chaleur「暑さ」になります。

**(6)** Sa (　　　) de parler me rappelle mon oncle Thomas.「彼（彼女）の話

す（　　　）を聞いているとトマおじさんが思い出される」となっています。彼（彼女）が話すときの何が、トマおじさんのすがたをほうふつとさせるのかを選択肢のなかから選ばなければなりません。この条件にあてはまるものは④ façon「方法」になります。façon de parler は「話し方、話しぶり」のことです。

　正解とならなかった選択肢は、⑤ fenêtre「窓」と⑥ figure「顔つき」です。

**解答**　(1) ⑦　　(2) ③　　(3) ①　　(4) ⑧　　(5) ②　　(6) ④

仏検公式ガイドブックセレクション3級（2019-2023）

# 8

　フランス語の文章を読み、あたえられた日本語の6つの文がそれぞれ文章の内容に一致しているかどうかを判断する問題です。配点6。

　フランス語の文章は10行程度の長さです。その文章で話題になっていることは何か、その話題が具体的にどのように展開されているのかを正確に読み取ってください。

　文章自体は平易なフランス語で書かれていますが、フランス語の長文に慣れていないと、本番の試験でとまどうかもしれません。さしあたり、初級の教科書にのっているテキストをよく読みなおしておきましょう。そのうえで、ウェブや雑誌や新聞の記事で、興味のある、やさしそうなものに挑戦してみるのもよいでしょう。そうした努力を重ねることで、これまで学んだ文法の知識に磨きがかかり、語彙も着実にふえていきます。

筆記試験 8

**練習問題 1**

　次の文章を読み、下の(1)〜(6)について、文章の内容に一致する場合は解答欄の①に、一致しない場合は②にマークしてください。

　Ayaka, une lycéenne japonaise, habite dans une ville au bord de la mer. L'été, elle va souvent à la plage avec ses amies. Mais avant, elle avait peur de la mer, parce qu'elle ne savait pas nager. À dix ans, Ayaka a vu à la télé un garçon du même âge qu'elle. Il se baignait avec des dauphins\*. C'était très beau. Cette nuit-là, Ayaka a rêvé qu'elle nageait avec des dauphins. Le lendemain, elle a raconté son rêve à ses parents. Son père l'a emmenée tout de suite à la mer. Là, sa fille a commencé à nager comme un dauphin.

　Quelle surprise ! L'année prochaine, Ayaka quittera sa ville pour ses études. Mais elle n'oubliera jamais la mer, son endroit préféré.

\*dauphin：イルカ

(1)　アヤカは中学生である。
(2)　アヤカは夏になると、しばしば友だちと浜辺に行く。
(3)　アヤカが10歳のときテレビで見た少年は、アヤカより年下だった。
(4)　アヤカはイルカといっしょに泳ぐ夢を見た。
(5)　テレビでイルカと泳ぐ少年を見た翌日、アヤカはひとりで海に出かけた。
(6)　来年アヤカは進学のため町をはなれる。

(20 秋)

135

仏検公式ガイドブックセレクション3級（2019-2023）

**解説**　テレビ番組を見たのがきっかけとなって、急に泳ぐことができるようになった女子高校生アヤカのことが語られています。ポイントをおさえながら、正確に読んでいきましょう。

　まず本文に出てくる単語と表現を見ておきます。

lycéenne japonaise囡「日本の女子高生」、ville囡「町」、au bord de「～のほとりにある」、été圐「夏」、souvent「しばしば」、plage囡「海岸」、avant「以前は」、peur囡「恐怖」、savait (savoir)「～ができる」直説法半過去、nager「泳ぐ」、à dix ans「10歳のときに」、a vu (voir)「見る」直説法複合過去、à la télé「テレビで」、garçon圐「男の子」、du même âge「同じ年の」、se baignait (se baigner)「水浴びする」直説法半過去、dauphin圐「イルカ」、beau (bel), *belle*「美しい」、cette nuit-là「その夜」、a rêvé (rêver)「夢を見る」直説法複合過去、le lendemain「翌日」、a raconté (raconter)「お話をする」直説法複合過去、rêve圐「夢」、a emmenée (emmener)「連れていく」直説法複合過去（本文中 l'a emmenée と emmenée の語尾に e がついているのは、直接目的語の Ayaka が人称代名詞 l'(la) となって過去分詞 emmené の前に置かれたため性数一致したことによる）、tout de suite「すぐに」、là「そこで」、fille囡「娘」、a commencé (commencer)「始める」直説法複合過去、surprise囡「驚き」、l'année prochaine「来年」、quittera (quitter)「去る」直説法単純未来、études囡「（とくに大学での）勉強」（「勉強」の意味で使われるときは複数形になる）、oubliera (oublier)「忘れる」直説法単純未来、endroit圐「場所」、préféré, *e*「お気に入りの」

(1)　「アヤカは中学生である」については、本文1～2行目に Ayaka, une lycéenne japonaise, habite dans une ville au bord de la mer.「日本の女子高生であるアヤカは海辺の町に住んでいる」とありますから、本文の内容と一致しません。ちなみに中学生は collégien, *ne* となります。また小学生は écolier, *ère*、大学生は étudiant, *e* となります。

(2)　「アヤカは夏になると、しばしば友だちと浜辺に行く」については、本文2～3行目に L'été, elle va souvent à la plage avec ses amies.「夏、彼女はしばしば友だちと浜辺に行く」とありますから、本文の内容に一致します。

筆記試験 8

⑶　「アヤカが10歳のときテレビで見た少年は、アヤカより年下だった」については、本文4〜5行目に À dix ans, Ayaka a vu à la télé un garçon du même âge qu'elle.「10歳のとき、アヤカは自分と同じ年齢の少年をテレビで見た」とありますから、本文の内容と一致しません。

⑷　アヤカはイルカといっしょに泳ぐ夢を見た」については、本文6〜7行目に Cette nuit-là, Ayaka a rêvé qu'elle nageait avec des dauphins.「その夜、アヤカはイルカといっしょに泳ぐ夢を見た」とありますから、本文の内容に一致します。

⑸　「テレビでイルカと泳ぐ少年を見た翌日、アヤカはひとりで海に出かけた」については、本文7〜8行目に Le lendemain, elle a raconté son rêve à ses parents. Son père l'a emmenée tout de suite à la mer.「翌日、彼女は両親に夢の話をした。父親は彼女をすぐに海に連れて行った」とありますから、本文の内容と一致しません。

⑹　「来年アヤカは進学のため町をはなれる」については、10〜11行目に L'année prochaine, Ayaka quittera sa ville pour ses études.「来年アヤカは勉学のために町をはなれる」とあります。高校生のアヤカが、「勉学のために町をはなれる」とは、大学等への進学のために町をはなれるという意味ですので、本文の内容に一致します。

**解答**　(1) ②　　(2) ①　　(3) ②　　(4) ①　　(5) ②　　(6) ①

137

仏検公式ガイドブックセレクション 3 級（2019-2023）

**練習問題 2**

次の文章を読み、下の(1)〜(6)について、文章の内容に一致する場合は解
答欄の①に、一致しない場合は②にマークしてください。

Jacques a 40 ans. Il travaille depuis l'âge de 22 ans pour
une société spécialisée\* dans les pelouses\*\*. Le plus souvent,
elle en met dans les jardins ou les parcs. Ce travail demande
beaucoup d'expérience. Au début, Jacques le trouvait dur et
difficile. Mais il l'aime de plus en plus. Maintenant il sait tout
faire : il est devenu chef d'une équipe de neuf personnes.
L'année dernière, sa société a commencé à travailler dans des
stades\*\*\*. Jacques joue lui-même au football depuis son
enfance et il était heureux de devenir le responsable de ce
projet. Le premier stade où il s'est occupé de la pelouse se
trouve à Lyon. Ce soir, il va y voir un match avec son fils, qui
rêve de devenir joueur de football.

\*spécialisé : (〜を) 専門とする
\*\*pelouse : 芝生
\*\*\*stade : 競技場、スタジアム

(1) ジャックは芝生をあつかう会社で 22 年間働いている。
(2) ジャックの会社は庭園や公園に芝生を敷くことが多い。
(3) ジャックは会社で 9 人チームのリーダーである。
(4) ジャックの会社はサッカースタジアムでの仕事にはまだ携わっていない。
(5) ジャック自身はサッカーをしない。
(6) ジャックの息子の将来の夢は、父と同じ仕事をすることである。

(21 秋)

筆記試験 8

**解説** 芝生を専門にあつかう会社で働いているジャックのことが語られています。ポイントをおさえながら、正確に読んでいきましょう。

まず本文に出てくる単語と表現を見ておきます。

travaille (travailler)「働く」直説法現在、depuis「〜以来」、âge 男「年齢」、société 囡「会社」、spécialisé, e「専門とする」、pelouse 囡「芝生」、le plus souvent「ひんぱんに」、met (mettre)「置く、設置する」直説法現在、jardin 男「庭園、公園」、parc 男「公園、大庭園」、travail 男「仕事」、demande (demander)「必要とする」直説法現在、expérience 囡「経験」、au début「最初のうちは」、trouvait (trouver)「〜だと思う」直説法半過去、dur, e「きつい、つらい」、difficile「むずかしい」、de plus en plus「ますます多く」、maintenant「今は」、sait (savoir)「できる」直説法現在、tout「すべて」不定代名詞、faire「おこなう、なす」、est devenu (devenir)「なる」直説法複合過去、chef 男「チーフ、指導者」、équipe 囡「チーム」、neuf「9」、personne 囡「人」、l'année dernière「昨年」、a commencé (commencer) à「〜し始める」直説法複合過去、stade 男「競技場、スタジアム」、joue (jouer) à「（スポーツなどを）する、プレーする」直説法現在、lui-même「彼自身」、football 男「サッカー」、enfance 囡「子ども時代」、heureux, se「幸せな」、responsable 男・囡「責任者」、projet 男「計画」、premier, ère「最初の」、où「〜するところの」関係代名詞、s'est occupé (s'occuper) de「（〜に）たずさわる、かかわる」直説法複合過去、se trouve (se trouver)「（〜に）いる、ある」直説法現在、ce soir「今晩」、va (aller)「（〜を）しに行く；しようとしている」直説法現在、match 男「試合」、fils 男「息子」、rêve (rêver) de「（〜を）夢見る」直説法現在、joueur de football 男「サッカー選手」

(1) 「ジャックは芝生をあつかう会社で22年間働いている」については、本文1〜2行目に Il travaille depuis l'âge de 22 ans pour une société spécialisée dans les pelouses.「彼は22歳のときから芝生を専門とする会社で働いている」とありますから、本文の内容と一致しません。現在40歳のジャックは22歳のときから働いているのであって、22年間働いているわけではありません。

(2) 「ジャックの会社は庭園や公園に芝生を敷くことが多い」については、

139

仏検公式ガイドブックセレクション3級（2019-2023）

本文2〜3行目に Le plus souvent, elle en met dans les jardins ou les parcs. 「ジャックの会社はひんぱんに庭園や公園に芝生を敷く」とありますから、本文の内容に一致します。ここで en は中性代名詞です。Le plus souvent, elle met des pelouses dans les jardins ou les parcs. の不定冠詞のついた直接目的語 des pelouses が en に変化したものです。

(3) 「ジャックは会社で9人チームのリーダーである」については、本文5〜6行目に Maintenant il sait tout faire : il est devenu chef d'une équipe de neuf personnes. 「今、彼はなんでもすることができる。そのため、彼は9人チームのリーダーになりました」とありますから、本文の内容と一致します。

(4) 「ジャックの会社はサッカースタジアムでの仕事にはまだ携わっていない」については、本文7〜8行目に L'année dernière, sa société a commencé à travailler dans des stades. 「昨年、ジャックの会社はスタジアムでの仕事を始めた」とありますから、本文の内容と一致しません。

(5) 「ジャック自身はサッカーをしない」については、本文8〜9行目に Jacques joue lui-même au football depuis son enfance 「ジャック自身、子どものころからサッカーをしている」とありますから、本文の内容と一致しません。

(6) 「ジャックの息子の将来の夢は、父と同じ仕事をすることである」については、11〜12行目に Ce soir, il va y voir un match avec son fils, qui rêve de devenir joueur de football. 「今晩、ジャックは息子とそこに試合を見に行く、息子はサッカー選手になることを夢見ている」とありますので、本文の内容と一致しません。

**解答**　(1) ②　　(2) ①　　(3) ①　　(4) ②　　(5) ②　　(6) ②

140

筆記試験 8

練習問題 3

次の文章を読み、下の(1)〜(6)について、文章の内容に一致する場合は解答欄の①に、一致しない場合は②にマークしてください。

Vendredi matin, Matthieu, un homme habitant près de Montpellier, a appelé les pompiers*. Quand ils sont arrivés chez lui, ils ont trouvé une grande vache de 600 kilos dans la piscine. Selon Matthieu, elle voulait boire et elle est tombée dans l'eau. Elle était calme, mais elle ne pouvait pas sortir de la piscine.

Les pompiers ont d'abord vidé** la piscine. Puis ils ont soulevé*** l'animal avec un appareil spécial. Ce n'était pas un travail facile parce que la vache était très lourde. Heureusement, elle n'était pas blessée. On l'a remise dans le champ voisin.

*pompier : 消防士
**vider : 空にする
***soulever : 持ち上げる

(1) 金曜日の夜、マチューは消防士を呼んだ。
(2) 消防士たちは、プールのなかに大きな雌牛がいるのを目にした。
(3) マチューによると、雌牛は水を飲もうとしてプールに落ちた。
(4) 雌牛はプールのなかであばれていた。
(5) 消防士たちは、特別な器具を使って雌牛を簡単に持ち上げた。
(6) 雌牛はけがをしていた。

(23 春)

141

仏検公式ガイドブックセレクション3級（2019-2023）

**解説** プールに落ちてそこから出ることができなくなった大きな雌牛を、消防士たちが引き上げて救出するというエピソードが語られています。ポイントをおさえながら、正確に読んでいきましょう。

まず本文に出てくる単語と表現を見ておきます。

vendredi matin「金曜の朝」、habitant (habiter)「住む」現在分詞、près de「～の近く」、a appelé (appeler)「呼ぶ」直説法複合過去、pompier 男「消防士」、sont arrivés (arriver)「到着する」直説法複合過去、chez lui「彼の家で」、ont trouvé (trouver)「見つける」直説法複合過去、vache 女「雌牛」、kilo 男「キログラム」、piscine 女「プール」、selon「～によれば」、voulait (vouloir)「～したい」直説法半過去、boire「飲む」、est tombée (tomber)「落ちる」直説法複合過去、eau 女「水」、calme「おとなしい」、pouvait (pouvoir)「～できる」直説法半過去、sortir de「～から出る」、d'abord「最初に」、ont vidé (vider)「空にする」直説法複合過去、ont soulevé (soulever)「持ち上げる」直説法複合過去、animal 男「動物」、appareil 男「器具」、spécial, e「特別な」、travail 男「仕事」、facile「簡単な」、parce que「～なので」、lourd, e「重い」、heureusement「幸運にも」、blessé, e「けがをした」、a remise (remettre)「もどす」直説法複合過去（本文中 l'a remise と、remettre の過去分詞 remis に e がついているのは、直接目的語の l' (la) が動詞の前に置かれたために性数一致したことによる）、champ 男「畑」、voisin, e「近くの」

⑴ 「金曜日の夜、マチューは消防士を呼んだ」については、第1段落1～2行目に Vendredi matin, Matthieu, un homme habitant près de Montpellier, a appelé les pompiers.「金曜日の朝、モンペリエ近郊に住む男性のマチューは消防士を呼んだ」とありますから、本文の内容とは一致しません。

⑵ 「消防士たちは、プールのなかに大きな雌牛がいるのを目にした」については、第1段落2～4行目に Quand ils sont arrivés chez lui, ils ont trouvé une grande vache de 600 kilos dans la piscine.「彼ら（消防士たち）が彼の家に到着したとき、プールのなかに600キログラムの大きな雌牛がいるのを目にした」とありますから、本文の内容と一致します。

⑶ 「マチューによると、雌牛は水を飲もうとしてプールに落ちた」については、第1段落4～5行目に、Selon Matthieu, elle voulait boire et elle est

142

tombée dans l'eau.「マチューによると、それ（雌牛）は水を飲もうとして水に落ちた」とありますから、本文の内容と一致します。

**(4)** 「雌牛はプールのなかであばれていた」については、第 1 段落 5〜6 行目に、Elle était calme, mais elle ne pouvait pas sortir de la piscine.「それ（雌牛）はおとなしくしていたが、プールから外に出ることができなかった」とありますから、本文の内容とは一致しません。

**(5)** 「消防士たちは、特別な器具を使って雌牛を簡単に持ち上げた」については、第 2 段落 1〜3 行目に、Puis ils ont soulevé l'animal avec un appareil spécial. Ce n'était pas un travail facile parce que la vache était très lourde.「そして、彼ら（消防士たち）は、特別器具を使ってその動物を持ち上げた。雌牛はとても重かったので、簡単な仕事ではなかった」とあります。雌牛を簡単に持ち上げたわけではないので、本文の内容とは一致しません。

**(6)** 「雌牛はけがをしていた」については、第 2 段落 4 行目に、Heureusement, elle n'était pas blessée.「幸運にも、それ（雌牛）はけがをしていなかった」とあります。したがって本文の内容とは一致しません。

**解答** (1) ②　　(2) ①　　(3) ①　　(4) ②　　(5) ②　　(6) ②

仏検公式ガイドブックセレクション3級（2019-2023）

### 練習問題4

次の文章を読み、下の(1)〜(6)について、文章の内容に一致する場合は解答欄の①に、一致しない場合は②にマークしてください。

Jean, 80 ans, va trois jours par semaine à l'école publique de son petit village. Pour quoi faire ? Il y suit des cours avec les enfants. Ensemble, ils lisent, ils chantent, ils font de la peinture... Depuis un an, cette école est ouverte à tous les habitants du village. La vie de Jean a beaucoup changé. Avant, il restait tout seul chez lui toute la journée au lieu de sortir, de parler à ses voisins. Il n'avait plus envie de téléphoner à ses fils, qui habitent très loin. Mais maintenant, grâce à l'école, il est plus actif* et plus joyeux. Il est content de sa nouvelle vie. Les jours où il ne va pas à l'école, il fait des tableaux pour les offrir à ses jeunes camarades. Il espère que ses œuvres leur plairont.

\*actif：活発な

(1) ジャンは村の学校に毎日通っている。
(2) ジャンは学校で、子どもたちと読書、合唱、絵画制作にはげんでいる。
(3) ジャンの通っている学校は1年前から村の人たちに門戸を開いている。
(4) 学校に通う前から、ジャンは近所の人たちとよく話をしていた。
(5) ジャンは学校に通うことが本当はあまり好きではない。
(6) ジャンは若いクラスメートたちに贈る絵を描いている。

（19 春）

144

筆記試験 8

**解説** 自分の村の学校に通い始めた 80 歳のジャンのことが語られています。ポイントをきちんとおさえながら、正確に読み解いていきましょう。

まず本文に出てくる単語と表現を見ておきます。

trois jours par semaine「1 週間につき 3 日」、école publique 女「公立の学校」、village 男「村」、Pour quoi faire ?「何をするために」、suit (suivre)「（授業・講義を）受ける」直説法現在、cours 男「授業」、ensemble「いっしょに」、lisent (lire)「読む」直説法現在、font (faire) de la peinture「絵を描く」、depuis un an「1 年前から」、ouvert, e「開かれている」、habitant 男「住民」、avant「以前は」、restait (rester)「とどまる」直説法半過去、tout seul「たったひとりで」、chez lui「彼（自分）の家に」、toute la journée「1 日中」、au lieu de「〜するかわりに」、voisin 男「隣人、近所の人」、envie 女「欲望」、fils 男「息子」、loin「遠くに」、maintenant「今は」、grâce à「〜のおかげで」、actif, ve「活発な」、joyeux, se「楽し気な」、content, e de「〜に満足している」、nouveau (nouvel), nouvelle「新しい」、jour 男「日」、faire des tableaux「絵を描く」、offrir「プレゼントする」、camarade 男・女「クラスメート」、espère (espérer)「期待する」直説法現在、œuvre 女「作品」、plairont (plaire)「気に入る」直説法単純未来

⑴ 「ジャンは村の学校に毎日通っている」については、本文 1〜2 行目に Jean, 80 ans, va trois jours par semaine à l'école publique de son petit village.「80 歳のジャンは、彼が住んでいる小さな村の公立学校に 1 週間につき 3 日通っています」とありますから、本文の内容とは一致しません。

⑵ 「ジャンは学校で、子どもたちと読書、合唱、絵画制作にはげんでいる」については、本文の 2〜4 行目に Il y suit des cours avec les enfants. Ensemble, ils lisent, ils chantent, ils font de la peinture...「彼はそこで子どもたちといっしょに授業を受けています。いっしょに、彼らは本を読んだり、歌ったり、絵を描いています」とありますから、本文の内容に一致します。

⑶ 「ジャンの通っている学校は 1 年前から村の人たちに門戸を開いている」については、本文の 4〜5 行目に Depuis un an, cette école est ouverte à tous les habitants du village.「1 年前から、その学校は村のすべての住民に対して開かれています」とありますから、本文の内容に一致します。

145

仏検公式ガイドブックセレクション3級 (2019-2023)

⑷ 「学校に通う前から、ジャンは近所の人たちとよく話をしていた」につ
いては、本文の5〜7行目に La vie de Jean a beaucoup changé. Avant, il
restait tout seul chez lui toute la journée au lieu de sortir, de parler à ses
voisins. 「ジャンの人生は大きく変わりました。以前、彼は外出したり、隣
人たちと話をするかわりに、1日中たったひとりで家にひきこもっていまし
た」とありますから、本文の内容と一致しません。

⑸ 「ジャンは学校に通うことが本当はあまり好きではない」については、
本文8〜9行目に Mais maintenant, grâce à l'école, il est plus actif et plus
joyeux. Il est content de sa nouvelle vie. 「でも今は、学校のおかげで、彼は
より活発で、楽しそうにしています。彼は新しい人生に満足しています」と
ありますから、本文の内容と一致しません。

⑹ 「ジャンは若いクラスメートたちに贈る絵を描いている」については、
本文10〜11行目に Les jours où il ne va pas à l'école, il fait des tableaux
pour les offrir à ses jeunes camarades. 「学校に行かない日、彼は若いクラス
メートたちに贈るために絵を描いている」とありますから、本文の内容に一
致します。

**解答** (1) ②　　(2) ①　　(3) ①　　(4) ②　　(5) ②　　(6) ①

146

筆記試験 8

### 練習問題 5

次の文章を読み、下の(1)〜(6)について、文章の内容に一致する場合は解答欄の①に、一致しない場合は②にマークしてください。

Annie élève huit chats, sept chiens, trois chevaux et même deux porcs dans son jardin. À l'origine* tous étaient des animaux abandonnés. C'est pourquoi ils avaient l'air tristes au début. Maintenant ils sont très heureux. Annie est ravie de regarder ces animaux jouer, manger et dormir ensemble.

Le plus grand problème pour Annie, c'est qu'ils font beaucoup de bruit. Certains voisins lui téléphonent pour dire qu'ils ne peuvent pas dormir à cause de cela. Elle fait tout ce qu'elle peut pour atténuer** le bruit. Mais elle sait que ce n'est pas assez. Parfois elle se sent seule parmi ces animaux pleins de vie.

Mais il y a heureusement d'autres voisins qui viennent l'aider : ils lui apportent de temps en temps quelque chose dont elle a besoin et s'occupent des animaux à sa place.

*à l'origine : もともとは
**atténuer : 弱める

(1) アニーが育てているすべての動物には、1度捨てられた経験がある。
(2) アニーは動物たちがいっしょに遊んだり、食べたり、寝たりしているのを見るのが好きである。
(3) 近所の人たちのなかには、アニーの動物の立てる音で眠れない人もいる。
(4) アニーは自分の騒音対策が十分だと思っている。
(5) アニーは元気な動物にかこまれているので、孤独を感じることはない。
(6) アニーに代わって動物の世話をしてくれる近所の人たちもいる。

(21 春)

仏検公式ガイドブックセレクション3級（2019-2023）

**解説** たくさんの動物を飼っているアニーのことが語られています。ポイントをきちんとおさえながら、正確に読み解いていきましょう。
　まず本文に出てくる単語と表現を見ておきます。

élève (élever)「育てる」直説法現在、abandonné, *e*「遺棄された」、c'est pourquoi「それゆえに」、avoir l'air ＋形容詞「～なようすをしている」（本文では avaient と avoir の直説法半過去）、au début「はじめは」、être ravi, *e* de「～を喜んでいる」（本文では est ravie と直説法現在の形、また ravi*e* は主語の Annie に性数一致しています）、regarder ... jouer「～が遊ぶのを見る」（regarder による感覚動詞の表現です。本文では jouer のあとさらに manger et dormir ensemble とつづきます）、faire du bruit「うるさくする」（本文では font と直説法現在）、voisin, *e*「近所の人」、à cause de「～のせいで」、se sentir seul「ひとりぼっちだと感じる」（本文では se sent と直説法現在の形に、また seul*e* は主語の elle に性数一致しています）、plein, *e* de「～でいっぱいの、～のさかりの」、apportent (apporter)「持っていく、持ってくる」直説法現在、de temps en temps「ときどき」、avoir besoin de「～が必要である」（本文では a と直説法現在、また de のかわりに dont が使われています）、s'occupent (s'occuper) de「～の世話をする」直説法現在、à sa place「～のかわりに」

(1)「アニーが育てているすべての動物には、1度捨てられた経験がある」については、第1段落2～3行目に À l'origine tous étaient des animaux abandonnés.「もともとは、みんな捨てられた動物だった」とありますから、本文の内容と一致します。

(2)「アニーは動物たちがいっしょに遊んだり、食べたり、寝たりしているのを見るのが好きである」については、第1段落4～5行目に Annie est ravie de regarder ces animaux jouer, manger et dormir ensemble.「アニーはそれらの動物たちがいっしょに遊んだり、食べたり寝たりするのを見てうれしくなる」とありますから、本文の内容と一致します。感覚動詞を用いると、このように、直接目的語がそのあとにつづく動詞の不定詞の意味上の主語となる構文を作ることができます。感覚動詞は regarder のほかにも、たとえば écouter や sentir などがあります。

148

(3) 「近所の人たちのなかには、アニーの動物の立てる音で眠れない人もいる」については、第2段落2〜3行目に Certains voisins lui téléphonent pour dire qu'ils ne peuvent pas dormir à cause de cela.「近所の人たちのなかには、そのせいで眠れないといって電話をかけてくる人もいる」とあります。「そのせいで」については、その前の文に ils font beaucoup de bruit「彼らがたくさん音を立てる」とありますから、本文の内容に一致しています。

(4) 「アニーは自分の騒音対策が十分だと思っている」については、第2段落3〜5行目に、Elle fait tout ce qu'elle peut pour atténuer le bruit. Mais elle sait que ce n'est pas assez.「彼女は音を弱めるためにできるかぎりのことをしている。しかし彼女はそれが十分ではないと知っている」とありますから、本文の内容に一致しません。

(5) 「アニーは元気な動物にかこまれているので、孤独を感じることはない」については、第2段落5〜6行目に、Parfois elle se sent seule parmi ces animaux pleins de vie.「ときどき、彼女は元気いっぱいの動物たちのなかでひとりぼっちだと感じる」とありますので、本文の内容に一致しません。

(6) 「アニーに代わって動物の世話をしてくれる近所の人たちもいる」については、第3段落2〜3行目に、ils lui apportent de temps en temps quelque chose dont elle a besoin et s'occupent des animaux à sa place.「彼らはときどき彼女が必要としているものを持ってきてくれるし、彼女のかわりに動物たちの世話をしてくれる」とあります。ils が指しているのはその前の文の d'autres voisins「ほかの近所の人たち」です。これは、第2段落2行目にある certains voisins、苦情を言う人たちとは別の近所の人たちのことを指しています。したがって本文の内容に一致します。

**解答** (1) ① (2) ① (3) ① (4) ② (5) ② (6) ①

仏検公式ガイドブックセレクション3級（2019-2023）

## 練習問題 6

次の文章を読み、下の(1)～(6)について、文章の内容に一致する場合は解答欄の①に、一致しない場合は②にマークしてください。

Dans son enfance, Virginie allait souvent au musée des sciences à l'ouest de Paris. Grâce au planétarium* de ce musée, elle s'est intéressée très tôt aux étoiles.

Ensuite, Virginie a étudié l'astronomie** à l'université. Après ses études, elle a enseigné les mathématiques au lycée pendant six ans. Et maintenant elle est employée dans ce musée. Dans la « Salle des étoiles », elle montre les constellations*** aux enfants et explique avec des mots simples leurs mouvements dans le ciel.

Le planétarium marche encore bien mais il est devenu vieux. Il va être remplacé cet hiver. Le nouveau planétarium ouvrira le 10 décembre. Virginie y travaillera comme directrice.

*planétarium：プラネタリウム
**astronomie：天文学
***constellation：星座

(1) ヴィルジニーが子どものころに行った科学館はパリの中心部にある。
(2) ヴィルジニーが星に興味をもつようになったのは大学生のときである。
(3) ヴィルジニーは大学卒業後すぐに科学館で働きはじめた。
(4) ヴィルジニーは科学館で子どもを対象に星座の動きについて説明している。
(5) プラネタリウムは古くなって故障した。
(6) 新しいプラネタリウムは12月10日に営業を開始する。 （22秋）

筆記試験 8

**解説** プラネタリウムで働いているヴィルジニーのことが語られています。ポイントをおさえながら、正確に読んでいきましょう。

まず本文に出てくる単語と表現を見ておきます。

enfance 囡「子ども時代」、dans son enfance「彼女が子どものころ」、allait (aller)「行く」直説法半過去、souvent「しばしば」、musée 囲「博物館、美術館」、musée des sciences「科学館」、ouest 囲「西」、grâce à「〜のおかげで」、planétarium 囲「プラネタリウム」、s'est intéressée (s'intéresser)「興味をもつ」直説法複合過去（主語が elle なので、過去分詞が性数一致し intéressée となっている点に注意）、tôt「早いうちから」、étoile 囡「星」、ensuite「それから」、a étudié (étudier)「勉強する」直説法複合過去、astronomie 囡「天文学」、université 囡「大学」、études 囡「（複数形で、特に大学での）勉強」、a enseigné (enseigner)「教える」直説法複合過去、mathématiques 囡「（おもに複数形で）数学」、lycée 囲「リセ、高校」、pendant「〜の間」、maintenant「今では」、employé, e「職員」、salle 囡「会場、ホール」、montre (montrer)「見せる」直説法現在、constellation 囡「星座」、explique (expliquer)「説明する」直説法現在、simple「かんたんな」、mouvement 囲「動き、運動」、ciel 囲「空、天」、marche (marcher)「作動する」直説法現在、est devenu (devenir)「〜になる」直説法複合過去、vieux (vieil), *vieille*「古い」、va (aller) 直説法現在（近接未来の用法）、être remplacé (remplacer)「取りかえられる」受動態、hiver 囲「冬」、nouveau (nouvel), *nouvelle*「新しい」、ouvrira (ouvrir)「開業する、オープンする」直説法単純未来、décembre 囲「12 月」、travaillera (travailler)「働く」直説法単純未来、comme「〜として」、directeur, *tric*e「所長、部長」

(1)「ヴィルジニーが子どものころに行った科学館はパリの中心部にある」については、本文 1〜2 行目に Dans son enfance, Virginie allait souvent au musée des sciences à l'ouest de Paris.「子どものころ、ヴィルジニーはパリの西部にある科学館によく行っていた」とあります。パリの西部は「パリの中心部」ではありませんので、本文の内容と一致しません。

(2)「ヴィルジニーが星に興味をもつようになったのは大学生のときである」については、本文 2〜3 行目に Grâce au planétarium de ce musée, elle s'est

151

仏検公式ガイドブックセレクション 3 級（2019-2023）

intéressée très tôt aux étoiles.「その科学館のプラネタリウムのおかげで、彼女はとても早いうちから星に興味をもつようになった」とありますから、本文の内容と一致しません。

⑶　「ヴィルジニーは大学卒業後すぐに科学館で働きはじめた」については、本文5〜6行目にAprès ses études, elle a enseigné les mathématiques au lycée pendant six ans.「大学を卒業後、彼女は6年間リセで数学を教えた」とありますから、本文の内容と一致しません。

⑷　「ヴィルジニーは科学館で子どもを対象に星座の動きについて説明している」については、本文7〜9行目にDans la « Salle des étoiles », elle montre les constellations aux enfants et explique avec des mots simples leurs mouvements dans le ciel.「《星の間》で、彼女は子どもたちにいろいろな星座を見せ、その動きをやさしい言葉で説明している」とありますから、本文の内容と一致します。

⑸　「プラネタリウムは古くなって故障した」については、本文10〜11行目にLe planétarium marche encore bien mais il est devenu vieux.「プラネタリウムはまだきちんと動いてはいるが、古くなった」とありますから、本文の内容と一致しません。

⑹　「新しいプラネタリウムは12月10日に営業を開始する」については、11〜12行目にLe nouveau planétarium ouvrira le 10 décembre.「新しいプラネタリウムは12月10日にオープンする」とありますので、本文の内容と一致します。

**解答**　⑴ ②　　⑵ ②　　⑶ ②　　⑷ ①　　⑸ ②　　⑹ ①

152

# 9

　会話文中にある4つの（　）に、7つの選択肢から適切な表現や文を選んで入れて、会話文を完成させる問題です。配点8。

　ふたりの人物による会話の一場面が問題になっています。10行程度の会話文中に4つの（　）があります。そこに適切な表現や文をおぎなって、会話文全体を完成させていきます。

　まず、最初のやりとりから、何が話題になっているのかをすばやくつかむことです。そのうえで、それぞれの（　）の前後をよく読んでください。適切な表現や文をきめるためには、前後の直接的なやりとりを理解しなければなりませんし、もちろん会話全体の流れもつかんでおかなければなりません。また、選択肢に関しても、最初に目についたものに飛びつくのではなく、7つの選択肢全体を見わたしたうえで、何がもっとも適切なのかと考えることが必要です。

　事前の学習としては、承認、拒否、提案、依頼、勧誘などの場面でどのような返答がありうるのかについて、よく使われる定型表現を覚えておくとよいでしょう。

仏検公式ガイドブックセレクション 3 級（2019-2023）

**練習問題 1**

　次の会話を読み、（　1　）〜（　4　）に入れるのにもっとも適切なものを、下の①〜⑦のなかから 1 つずつ選び、解答欄のその番号にマークしてください。ただし、同じものを複数回用いることはできません。なお、①〜⑦では、文頭にくるものも小文字にしてあります。

　　**Denis** : Ta nouvelle maison (　1　) ?

**Yoshiyuki** : Oui, et elle est grande.

　　**Denis** : C'est bien ! Elle (　2　) ?

**Yoshiyuki** : Oui, beaucoup. Surtout à mes enfants. Ils sont contents d'avoir chacun leur chambre.

　　**Denis** : Et ta femme ?

**Yoshiyuki** : Elle aime le jardin : elle (　3　).

　　**Denis** : Alors, tout va très bien.

**Yoshiyuki** : Le seul problème, c'est que la maison est loin de mon bureau.

　　**Denis** : (　4　). Mais c'est pour ta famille.

① achète une autre
② avec plaisir
③ cultive des légumes
④ est confortable
⑤ garde ses vêtements
⑥ plaît à ta famille
⑦ tant pis

(21 春)

154

筆記試験 9

## 解説

(1)　ドニの1番目のせりふは Ta nouvelle maison （　1　）?「君の新しい家は」と始まっています。これに対するヨシユキのせりふが、Oui, et elle est grande.「うん、それに大きいよ」というものです。elle が指しているのはもちろん nouvelle maison「新しい家」です。ヨシユキは Oui と答えて、さらに et「それに」とつづけて自分の新しい家のことについて話していますから、ドニの質問も、ヨシユキの新しい家のようすを尋ねるものであったはずです。このように考えると、選択肢のなかでもっとも適切なものは④ est confortable「快適である」となります。

(2)　ヨシユキから、新しい家が大きいと聞いたあと、ドニは C'est bien !「いいね」と応じています。それにつづけて、Elle （　2　）?とあるわけですが、ここでも elle が指しているのがヨシユキの新しい家であることは明らかです。会話はそのあと、ヨシユキのせりふ Oui, beaucoup. Surtout à mes enfants. Ils sont contents d'avoir chacun leur chambre.「うん、とても。とくに子どもたちがね。自分の部屋が持てて満足してるよ」とつづいています。目をつけるべきところは、à mes enfants と、「子どもたち」に前置詞 à がつけられている点です。選択肢には⑥ plaît à ta famille とこちらも à をふくんだものがあります。これは、動詞 plaire「喜ばせる」が、plaire à「（人の）気に入る」の形をとったものです。実際、⑥ plaît à ta famille を （　2　）に入れると、Elle plaît à ta famille ?「新しい家は君の家族の気に入っているの」となり、そのあとにヨシユキが自分の子どもたちの反応について話していることとつながりますので、これが正答となります。

(3)　ドニの3番目のせりふは Et ta femme ?「奥さんは?」という質問になっており、ヨシユキが Elle aime le jardin : elle （　3　）.「庭が気に入っているよ」と答えています。ヨシユキのせりふにある elle はここでは自分の妻のことです。（　3　）は、彼女が、新しい家の庭が気に入っているという話につづいていますから、選択肢のなかでもっとも適切なのは③ cultive des légumes「野菜を育てている」です。先に、ドニが plaire à を使って「（人の）気に入る」という表現をしていましたが、今度はヨシユキのせりふに aimer でおなじく「気に入る」という意味の表現が出ています。この文脈でこれらふたつは同じ意味になりますが、plaire à の場合は〈もの〉が主語となり、だれの気に入るかということは à がみちびく間接目的語として示されている

155

仏検公式ガイドブックセレクション3級（2019-2023）

のに対し、aimer を使う場合は言うまでもなく〈人〉が主語となって、気に入る対象が aimer の直接目的語となります。

(4)　ドニの4番目のせりふは Alors, tout va très bien. 「じゃあ、すべて順調だね」で、それに対してヨシユキが Le seul problème, c'est que la maison est loin de mon bureau. 「唯一の問題は、家がぼくの職場から遠いことだよ」と言っています。それに対してドニは何か言ったあと、さらに Mais c'est pour ta famille. 「でも家族のためだから」と付け加えています。これまでヨシユキの新しい家についてはプラス評価ばかりがあげられていましたが、ここではじめて「問題」がヨシユキの口から語られるわけです。こうした流れのなかでは、⑦ tant pis 「しかたない」がもっとも適切な選択肢となります。tant pis 「しかたない」にくわえて、反対語の tant mieux 「よかったね」も覚えておきましょう。

**解答**　(1) ④　　　(2) ⑥　　　(3) ③　　　(4) ⑦

筆記試験 9

**練習問題 2**

次の会話を読み、（ 1 ）～（ 4 ）に入れるのにもっとも適切なものを、下の①～⑦のなかから1つずつ選び、解答欄のその番号にマークしてください。ただし、同じものを複数回用いることはできません。

**Le vendeur** : Bonjour monsieur, je peux vous aider ?

**Laurent** : Oui. J'aimerais offrir un bouquet* de roses à ma mère.

**Le vendeur** : Très bien. Vous voulez （ 1 ） de roses ?

**Laurent** : J'en voudrais 20. C'est （ 2 ） pour un bouquet ?

**Le vendeur** : Oui. Ce sera un joli bouquet. Vous préférez des roses de （ 3 ） ?

**Laurent** : Donnez-moi 10 roses rouges et 10 blanches, s'il vous plaît.

**Le vendeur** : Je suis （ 4 ）. Nous n'avons plus que 5 roses blanches.

**Laurent** : Alors, donnez-moi 20 roses rouges.

**Le vendeur** : D'accord. Ça fera 30 euros, monsieur.

*bouquet：花束、ブーケ

① assez
② autant
③ combien
④ content
⑤ désolé
⑥ plus
⑦ quelle couleur

(22 秋)

157

仏検公式ガイドブックセレクション3級（2019-2023）

## 解 説

**(1)** ローランは最初のせりふで J'aimerais offrir un bouquet de roses à ma mère.「母親にバラの花束をプレゼントしたいのですが」と、店員に来店の目的を告げています。店員は2番目のせりふで、まず Très bien.「わかりました」と答えたあと、Vous voulez ( 1 ) de roses ? と尋ねています。それに対して、ローランは2番目のせりふで J'en voudrais 20.「できたら20本ほしい」と答えていますので、店員は必要なバラの本数を確認するための質問をローランにしたものと推定できます。ここでは、( 1 ) de roses 全体が動詞 vouloir の直接目的語になっています。ところで、( 1 ) のうしろには「de ＋ 複数名詞」がきていますが、① assez も ② autant も ③ combien もこのような構造をとる可能性があります。ただし、このなかで20という具体的な数値をローランから引き出すことができるのは③ combien だけです。店員は Vous voulez combien de roses ?「何本のバラをお望みですか」と尋ねていたことになります。そして、ローランの J'en voudrais 20. という返答のなかの中性代名詞 en は roses をうけていることもわかります。

**(2)** 2番目のせりふで J'en voudrais 20.「できたら20本のバラがほしい」と答えたローランは、つづけて C'est ( 2 ) pour un bouquet ? と店員に尋ねています。それに対して、店員は3番目のせりふで Oui. Ce sera un joli bouquet.「ええ。きれいな花束になるでしょう」と答えています。選択肢のなかから、この店員のせりふを引き出すことができるものをさがすと ① assez がもっともふさわしいことがわかります。C'est assez pour un bouquet ? で「花束を作るのに20本のバラで十分ですか」という意味になります。ここでは、assez と pour のつながりにも注意してください。たとえば、Cet appartement est **assez** grand **pour** une famille de cinq.「そのアパルトマンは5人家族には十分な広さだ」や Il a **assez d'**argent **pour** acheter une nouvelle voiture.「彼は車を買い替えるだけの十分なお金がある」などを参考に文の構造を確認しておいてください。

**(3)** 店員は3番目のせりふのつづきで Vous préférez des roses de ( 3 ) ? と尋ねています。それに対して、ローランは Donnez-moi 10 roses rouges et 10 blanches, s'il vous plaît.「赤いバラ10本と白いバラ10本をください」と答えています。店員はローランに20本のバラの色の組み合わせを尋ねたものと推定されます。選択肢のなかで色に関する答えを引き出すことのでき

158

るものは⑦ quelle couleur しかありません。店員は Vous préférez des roses de quelle couleur ?「何色のバラがいいですか」とローランに尋ねたことがわかります。

(4) 「赤いバラ10本と白いバラ10本」がほしいというローランの注文を聞いた店員は、4番目のせりふで、まず Je suis（ 4 ）. と答えたあと、つづけて Nous n'avons plus que 5 roses blanches.「もう白いバラは5本しか残っていません」と言っています。そして、それを聞いたローランは4番目のせりふで、Alors, donnez-moi 20 roses rouges.「それでは、赤いバラを20本ください」と注文の内容を変更しています。これら一連の会話の流れから判断して、店員はローランの最初の注文内容にこたえられないことをわびたのではないかと推定されます。（ 4 ）には⑤ désolé が入って、Je suis désolé.「もうしわけありません」となることがわかります。店員はローランのあらたな注文を受けて、D'accord. Ça fera 30 euros, monsieur.「かしこまりました。30 ユーロになります」と答えています。なお、設問には直接かかわりませんでしたが、店員の最初のせりふにあった [...] je peux vous aider ?は、直訳すると「私はあなたのお手伝いをしましょうか」となりますが、これは一種の定型表現で「ご用件は何ですか」、「何をお求めでしょうか」という意味あいで使われます。

**解答**　(1) ③　　(2) ①　　(3) ⑦　　(4) ⑤

仏検公式ガイドブックセレクション3級（2019-2023）

### 練習問題 3

　次の会話を読み、（　1　）〜（　4　）に入れるのにもっとも適切なものを、下の①〜⑦のなかから1つずつ選び、解答欄のその番号にマークしてください。ただし、同じものを複数回用いることはできません。なお、①〜⑦では、文頭にくるものも小文字にしてあります。

**Gilles** : Maman, je peux te demander （　1　） pour mon anniversaire ?

**La mère** : Mais oui, je t'écoute.

**Gilles** : Je voudrais une trottinette*.

**La mère** : Une trottinette ? C'est （　2　） ?

**Gilles** : C'est une sorte de vélo, mais plus petit.

**La mère** : Pourquoi tu en veux une ?

**Gilles** : Pour aller faire du foot après l'école.

**La mère** : （　3　） un vrai vélo ? Tu seras bientôt lycéen.

**Gilles** : Mais non, la trottinette, c'est mieux, （　4　） c'est plus pratique.

*trottinette：キックスクーター

① combien

② parce que

③ pourquoi pas

④ pourtant

⑤ quelque chose

⑥ quel type

⑦ quoi

（22 春）

160

筆記試験 9

## 解説

**(1)** ジルの1番目のせりふは Maman, je peux te demander（ 1 ）pour mon anniversaire ?「お母さん、ぼくの誕生日に（ 1 ）をお願いしてもいいかな」となっています。それに対して母親は Mais oui, je t'écoute.「もちろんいいわよ、言ってごらん」と応じています。したがってジルは具体的な何かではなく、誕生日プレゼント自体をお願いできるかどうかを尋ねているのだと推測できます。すると選択肢の中でもっとも適切なものは⑤ quelque chose で je peux te demander (quelque chose) pour mon anniversaire ?「ぼくの誕生日に何かお願いしてもいいかな」となります。

**(2)** 母親から「もちろんいいわよ、言ってごらん」と言われたあと、ジルは Je voudrais une trottinette.「キックスクーターが欲しいんだ」と答えています。それに対してお母さんは、Une trottinette ? C'est（ 2 ）?「キックスクーター？それは（ 2 ）？」とさらに尋ね、ジルは C'est une sorte de vélo, mais plus petit.「自転車の一種だけど、もっと小さいんだ」とキックスクーターの説明をしています。このやり取りからジルの母親はキックスクーターというもの自体を知らなかったことがわかりますから、選択肢では⑦ quoi「何」がもっとも適切で、C'est (quoi) ?「それ何？」となります。

**(3)** ジルからキックスクーターの説明をうけた母親は、Pourquoi tu en veux une ?「どうしてそれが欲しいの」と尋ねています。中性代名詞 en でキックスクーターをうけていることはそのあとの不定冠詞 une からもわかりますね。すると、ジルは Pour aller faire du foot après l'école.「放課後にサッカーをしに行くためだよ」と答えています。すると母親はさらに（ 3 ）un vrai vélo ? Tu seras bientôt lycéen.「本当の自転車（ 3 ）？あなたもうすぐ高校生になるのよ」とさらに尋ねています。この最初の文を疑問文として意味をなすようにするためには、疑問詞が必要ですから、選択肢をさがすと③ pourquoi pas がもっとも適切です。つまり (Pourquoi pas) un vrai vélo ?「どうして本当の自転車じゃだめなの」となります。

**(4)** 母親からそのように言われたジルは、Mais non, la trottinette, c'est mieux,（ 4 ）c'est plus pratique.「ちがうよ、キックスクーターの方がいいんだよ。（ 4 ）それはもっと便利なんだよ」と応じています。つまり、ジルは自転車ではなくキックスクーターが欲しい理由を説明しているのだと

161

仏検公式ガイドブックセレクション 3 級 (2019-2023)

推測されますので、選択肢の中では理由を説明する ② parce que が適切です。あてはめるなら Mais non, la trottinette, c'est mieux, (parce que) c'est plus pratique. 「ちがうよ、キックスクーターの方がいいんだよ。だってもっと便利なんだから」となります。

**解答** (1) ⑤　　(2) ⑦　　(3) ③　　(4) ②

筆記試験 9

**練習問題 4**

　次の会話を読み、（　1　）～（　4　）に入れるのにもっとも適切なものを、下の①～⑦のなかから1つずつ選び、解答欄のその番号にマークしてください。ただし、同じものを複数回用いることはできません。なお、①～⑦では、文頭にくるものも小文字にしてあります。

**Pauline** : Cette table en bois est très belle. (　1　) ?

　**Gilles** : Non, j'ai payé seulement pour le bois.

**Pauline** : Tu as fait ça toi-même ?

　**Gilles** : (　2　).

**Pauline** : C'est magnifique ! Pourrais-tu en faire une autre pour moi ?

　**Gilles** : (　3　). Mais je n'ai plus de bois.

**Pauline** : On peut en acheter (　4　) ?

　**Gilles** : Je connais un magasin tout près d'ici.

　　① avec plaisir
　　② c'est incroyable
　　③ elle était chère
　　④ où
　　⑤ quand
　　⑥ tout à fait
　　⑦ tout droit

(21 秋)

163

仏検公式ガイドブックセレクション 3 級（2019-2023）

## 解説

(1) ポリーヌは最初のせりふで Cette table en bois est très belle.「この木製のテーブルはとってもきれいね」と言ったあと、( 1 )? とジルに質問しています。ジルはそれに対して、Non, j'ai payé seulement pour le bois.「いや、木材の料金を払っただけだよ」と答えています。ここからポリーヌの質問は木製テーブルの料金にかかわるものであることが推測されます。以上の会話の流れを考慮しつつ、選択肢を見てみると、もっとも適切なのは③ elle était chère「高かったでしょう」であることがわかります。

(2) ジルの返答を受けて、ポリーヌは 2 番目のせりふで Tu as fait ça toi-même ?「このテーブルを自分で作ったの？」と、驚いたように尋ねています。それに対して、ジルが( 2 ). と答えています。そのジルの 2 番目のせりふに感動したように、ポリーヌは C'est magnifique !「すごい！」と反応しています。会話の流れから、ジルは自分自身で木製のテーブルを作ったことを肯定するような返答をしたものと思われます。選択肢のなかで、Oui とほぼ同じ意味になるようなものをさがすと、もっとも適切なのは⑥ tout à fait「まったく、そのとおり」であることがわかります。

(3) ポリーヌは 3 番目のせりふのつづきで Pourrais-tu en faire une autre pour moi ?「私のためにもうひとつべつのテーブルを作ってくれないかな」とジルに依頼しています。ここで、pouvoir の条件法現在 pourrais を使った〈Pourrais-tu ~ ?〉はていねいに相手に何かを依頼するときの定型表現です。ここで en は中性代名詞ですが、une autre table「もうひとつべつのテーブル」の table が en に変化したものと考えられます。さて、このポリーヌの依頼に対してジルはどう答えたのでしょうか。( 3 ). と答えたあと、つづけて、Mais je n'ai plus de bois.「でも、もう木材がないんだ」と言っています。ジルは今すぐには木材がないのでテーブルを作ることはできないが、ポリーヌの依頼を受ける用意はあると考えることができます。以上のことから、選択肢のなかでいちばん適切なのは① avec plaisir「喜んで」であることがわかります。

(4) するとポリーヌは 4 番目のせりふで On peut en acheter ( 4 )? と尋ねています。この中性代名詞の en はジルの 3 番目のせりふにあった bois「木材」をうけていると判断できます。ポリーヌは「木材を買う」ことを話

164

筆記試験 9

題にしていると推測することができます。これに対して、ジルは4番目のせりふで、Je connais un magasin tout près d'ici.「ここからとても近いところにある店を知っている」と答えています。ポリーヌが木材を買うための店についてジルに質問していることが推測できます。以上のことから、選択肢のなかでいちばん適切なのは④ où「どこで」であることがわかります。On peut en acheter (où) ?「木材はどこで買えますか」と尋ねていたことがわかります。

**解 答**　　(1) ③　　　(2) ⑥　　　(3) ①　　　(4) ④

165

仏検公式ガイドブックセレクション 3 級（2019-2023）

## 練習問題 5

　次の会話を読み、（　1　）～（　4　）に入れるのにもっとも適切なものを、下の①～⑦のなかから 1 つずつ選び、解答欄のその番号にマークしてください。ただし、同じものを複数回用いることはできません。なお、①～⑦では、文頭にくるものも小文字にしてあります。

**Alise** : Théo, tu dors ? Réveille-toi !

**Théo** : (　1　) ?

**Alise** : J'ai entendu du bruit. Écoute ! Tu entends ?

**Théo** : Oui. Quelqu'un semble frapper à la porte.

**Alise** : (　2　) ?

**Théo** : Je ne sais pas qui. Bon, je vais voir. Toi, tu restes ici ?

**Alise** : (　3　), je viens avec toi. J'ai peur.

**Théo** : Tu es prête ? J'ouvre la porte...

**Alise** : Il n'y a personne ! C'est bizarre !

**Théo** : Je ne vois rien, moi non plus.

**Alise** : Mais si, (　4　) ! C'est un pivert* qui fait ce bruit sur un arbre !

　　　　　　　　　*pivert : ヨーロッパアオゲラ（キツツキの一種）

① 　mais non

② 　pas tellement

③ 　qu'est-ce qu'il y a

④ 　qui donc

⑤ 　regarde

⑥ 　tant mieux

⑦ 　tu avais raison　　　　　　　　　　　　　　　　　　（19 秋）

166

筆記試験 9

**解説**

(1)　アリーズは1番目のせりふで Théo, tu dors ? Réveille-toi !「テオ、眠ってる？起きて！」とテオを起こしています。それに対してテオは（　1　）？と質問しています。この質問に対して、アリーズが J'ai entendu du bruit.「もの音が聞こえたの」と応じています。以上のことから、（　1　）で、テオはなぜアリーズが自分を起こすのか、いったい何があったのかを尋ねていると推定できます。選択肢のなかでもっとも適切なのは③ qu'est-ce qu'il y a で「どうしたの」という意味になります。

(2)　アリーズはテオの質問に「もの音が聞こえたの」と答えたあと、つづけざまに Écoute ! Tu entends ?「耳をすませて！聞こえる？」と尋ねています。この質問に対して、テオは2番目のせりふで Oui. Quelqu'un semble frapper à la porte.「うん、だれかがドアをノックしているようだね」と応じています。それに対して、アリーズは3番目のせりふで（　2　）？と尋ね、テオは Je ne sais pas qui.「さあ、だれだろう」と応じています。以上のことから判断すると、（　2　）で、アリーズはドアをノックしているのはだれかを尋ねていると推定できます。選択肢のなかでそれにあたるのは④ qui donc「じゃあ、だれかしら」しかありません。

(3)　テオは3番目のせりふの後半で、Bon, je vais voir. Toi, tu restes ici ?「よし、見に行くよ。君はここに残るかい」と尋ねたあとで、アリーズが（　3　）と答え、さらに、je viens avec toi. J'ai peur.「あなたと一緒に行くわ。こわいもの」と言っています。（　3　）にはテオの質問に否定で答える表現が入ると推定できます。選択肢のなかでもっとも適切なのは① mais non で「いいえ」という意味になります。この mais は逆説を表わす接続詞「しかし」ではなく、oui、non、si の答えを強調する副詞です。

(4)　テオは4番目のせりふの最初で Tu es prête ? J'ouvre la porte...「準備はいいかい。ドアを開けるよ…」と言い、そのあと、ドアの外を見たアリーズが Il n'y a personne ! C'est bizarre !「だれもいないわ！変よ！」と言っています。それに対して、テオも Je ne vois rien, moi non plus.「ぼくにもなにも見えないな」と応じています。おそらく二人でドアの外を見まわしているのでしょう。そして、アリーズが Mais si,「いや、いるわ」と言い、つづけざまに（　4　）！と言っています。最後には、C'est un pivert qui fait ce

167

仏検公式ガイドブックセレクション 3 級（2019-2023）

bruit sur un arbre !「ヨーロッパアオゲラだわ、あのもの音を木の上で立てているわ！」と、アリーズがもの音の正体をつきとめています。以上のことと、（ 4 ）に感嘆符がついていることから判断すると、（ 4 ）にはアリーズが自分の見つけたもの音の正体をテオに示そうとして、テオに注意をうながしているか、あるいは、何か驚きを示す表現が入ると推定されます。選択肢のなかでもっとも適切なのは⑤ regarde「見て」です。

**解答**　(1) ③　　(2) ④　　(3) ①　　(4) ⑤

筆記試験 9

## 練習問題6

　次の会話を読み、（　1　）～（　4　）に入れるのにもっとも適切なものを、下の①～⑦のなかから1つずつ選び、解答欄のその番号にマークしてください。ただし、同じものを複数回用いることはできません。なお、①～⑦では、文頭にくるものも小文字にしてあります。

**Théo** : Tu viens à la mer vendredi ?

**Marine** : Vendredi ? C'est (　1　) !

**Théo** : Pourquoi ? Tu n'as pas de cours vendredi, non ?

**Marine** : Non, mais je suis (　2　) l'après-midi. J'ai rendez-vous avec ma sœur.

**Théo** : Dans ce cas, tant pis.

**Marine** : Amuse-toi bien. (　3　), à ton retour, passe chez moi. On va dîner ensemble.

**Théo** : Oui, (　4　).

　　① d'abord

　　② en effet

　　③ impossible

　　④ libre

　　⑤ mais

　　⑥ occupée

　　⑦ volontiers

(23 秋)

169

仏検公式ガイドブックセレクション3級（2019-2023）

## 解説

**(1)** テオは最初のせりふで Tu viens à la mer vendredi ?「金曜日、海に行こ
うか」と、マリーヌを誘っています。それに対してマリーヌは最初のせりふ
で、Vendredi ? C'est（　1　）！と答えています。そのマリーヌの答えに納得
のいかなかったテオは2番目のせりふで Pourquoi ? Tu n'as pas de cours
vendredi, non ?「どうして。金曜日には授業がないはずだけど」と聞き返し
ています。マリーヌは最初のせりふでテオの誘いをことわったものと推定さ
れます。選択肢のなかで拒否の意思を表現できるのは③ impossible しかあ
りません。マリーヌは Vendredi ? C'est (impossible) !「金曜日？無理だわ」
と答えたことがわかります。

**(2)** テオの2番目のせりふをうけて、マリーヌは Non, mais je suis（　2　）
l'après-midi. と言ったあと、J'ai rendez-vous avec ma sœur.「妹（姉）と会
うことになっているの」とつづけています。マリーヌは、金曜日に授業はな
いけれど、別の約束があるので海には行けないとテオに説明しているのです。
（　2　）には「ひまではない」、「先約がある」を表わす語が入ると推定でき
ます。選択肢のなかの⑥ occupée だけが条件にかないますので、これが正解
です。また、マリーヌは女性単数ですので、occupée もまた女性単数形であ
ることを確認してください。なお、選択肢にはありませんが、occupée の代
わりに prise を入れても同じような意味になります。また選択肢④ libre は
「ひまな」ですので、反対の意味になってしまいます。

**(3)** マリーヌが事情を説明すると、テオは納得したように3番目のせりふで
Dans ce cas, tant pis.「それなら、残念だけどしかたないね」と言います。
そのせりふをうけて、マリーヌは3番目のせりふで、まず Amuse-toi bien.
「いっぱい楽しんできて」と言ったあと、（　3　), à ton retour, passe chez
moi. On va dîner ensemble. と言っています。（　3　）の部分をのぞいて訳
すと、マリーヌは「帰りに、私の家に寄って。いっしょに夕飯を食べましょ
う」とテオに提案していることがわかります。Amuse-toi bien. はテオがマ
リーヌなしでする行為が問題になっていましたが、On va dîner ensemble.
はテオとマリーヌがいっしょにする行為が問題になっています。この2つの
文を結びつけることができるのは選択肢のなかでは⑤ mais しかありません
ので、これが正解です。

170

筆記試験 9

⑷　マリーヌが3番目のせりふの最後で夕食を彼女の家でいっしょに食べ
ようと提案してきたことに対する返答が4番目のテオのせりふになります。
彼はまず Oui と答えていますので、マリーヌの提案を受け入れるようです。
その次につづく言葉として適切なものは、選択肢のなかには⑦ volontiers
「喜んで」しかありませんので、これが正解です。Volontiers. は Avec plaisir.
とともに、「喜んで」の意味でひんぱんに使われますので、これを機会にぜ
ひ覚えておいてください。

**解答**　(1) ③　　(2) ⑥　　(3) ⑤　　(4) ⑦

171

仏検公式ガイドブックセレクション 3 級（2019-2023）

# 聞き取り試験

# 1

　記述問題です。短い会話文のなかに 5 つの（　）があります。会話を聞いて（　）に入るフランス語を書き取り、会話文を完成させてください。配点 10。

　会話の全文を書き取るディクテ dictée への導入となる、部分書き取りの問題です。耳で聞いた単語を書き取る力がためされます。準 2 級では数行程度の全文書き取りの問題が出題されますから、その前段階として、しっかりと準備しておきたいものです。

　フランス語の文章を読むとき、さらには単語を覚えるときに、フランス語をよく見て正しく音読する習慣を身につけることが一番の対策となります。リエゾンやアンシェヌマン、エリジヨンといったフランス語特有の音の規則やしくみにも十分に気をつけてください。

　言うまでもなく、フランス語が正確に書けなければなりませんので、アクサン記号に留意しながら、書き取りの練習もしておきましょう。アクサン記号を書くときには、アクサンの向きがあいまいにならないようにすることや、アクサン・シルコンフレクスをはっきり屋根型にすることに注意してください。

　さらに上位の級に進むためにも、音読する訓練と書き取る訓練を日ごろの勉強のなかにどのように組み込むのかがポイントになります。長期的な対策を立てて、地道に取り組んでください。

聞き取り試験 1

**練習問題 1**

テオとレアの会話を聞いてください。
・1 回目は全体を通して読みます。
・2 回目は、ポーズをおいて読みますから、（　1　）〜（　5　）の部分を解答欄に書き取ってください。それぞれの（　　）内に入るのは 1 語とはかぎりません。
・最後（3 回目）に、もう 1 回全体を通して読みます。
・読み終えてから 60 秒、見なおす時間があります。
・数を記入する場合は、算用数字で書いてください。
（メモは自由にとってかまいません）

［ 音声を聞く順番 ］　**01** → **02** → **01**

**Théo**：Aujourd'hui, j'ai vu Marine à la （　1　）.

　**Léa**：Ce n'est pas （　2　）! Elle vient de partir pour le Japon.

**Théo**：Ah bon ? C'était quand, son （　3　）?

　**Léa**：Hier. Tu sais, elle a une sœur qui lui （　4　）. La fille que tu as vue, elle avait les cheveux courts ?

**Théo**：Non, elle avait les cheveux （　5　）.

　**Léa**：C'était sa sœur, alors.

| (1) | |
|---|---|
| (2) | |
| (3) | |
| (4) | |
| (5) | |

（21 秋）

173

仏検公式ガイドブックセレクション 3 級（2019-2023）

## （読まれる会話文）

Théo : Aujourd'hui, j'ai vu Marine à la gare.

Léa : Ce n'est pas possible ! Elle vient de partir pour le Japon.

Théo : Ah bon ? C'était quand, son départ ?

Léa : Hier. Tu sais, elle a une sœur qui lui ressemble. La fille que tu as vue, elle avait les cheveux courts ?

Théo : Non, elle avait les cheveux longs.

Léa : C'était sa sœur, alors.

**解説** テオとレアの会話です。共通の友人マリーヌをめぐって会話がかわされています。

(1) テオが 1 番目のせりふでレアに Aujourd'hui, j'ai vu Marine à la (gare).「きょう、駅でマリーヌを見かけたよ」と報告しています。（ 1 ）の前にà la とありますので、（ 1 ）のなかには単数の女性名詞が入らなければなりません。また、場所を示す単語が入るのではないかと推測できます。

(2) テオの 1 番目のせりふに対して、レアが Ce n'est pas (possible) !「そんなこと、ありえない」と答えています。そのあとで、Elle vient de partir pour le Japon.「彼女は日本に出発したばかりよ」と、その理由を説明しています。

(3) マリーヌが日本に出発したことを知らなかったテオは、2 番目のせりふで、Ah bon ? C'était quand, son (départ) ?「ああ、そうなの。彼女はいつ出発したの」とレアに尋ねています。アクサン記号を忘れてしまった *depart* をはじめ、*des par*、*des partes*、*depare* など、さまざまな誤答がありました。

(4) テオの質問に対して、レアは Hier.「きのう」と答えたあと、つづけて、Tu sais, elle a une sœur qui lui (ressemble). La fille que tu as vue, elle avait les cheveux courts ?「あのね、マリーヌには彼女にそっくりの妹（姉）がいるのよ。あんたが見かけた女の子だけど、髪の毛は短かった？」、とどうし

174

聞き取り試験 1

てテオが勘ちがいをしたのか、その理由を推測します。ressembler「似ている」はよく見かける動詞のはずでしたが、*ensemble*、*resemble*、*ensamble*、*emsemble* などの誤答がありました。

⑸　レアの質問に対してテオは Non, elle avait les cheveux (longs).「いいや、長い髪の毛をしていた」、と答えています。これもまたよく見かける単語のはずでしたが、複数形にすることを忘れた *long* をはじめ、*longu*、*lon*、*longe* などの誤答がありました。テオの返答を聞いたレアは C'était sa sœur, alors.「じゃあ、あんたが見たのは妹（姉）だったのよ」と自分の推測が正しかったことを確認しています。

**解答**　⑴ gare　　⑵ possible　　⑶ départ　　⑷ ressemble
　　　　　⑸ longs

175

仏検公式ガイドブックセレクション 3 級（2019-2023）

**練習問題 2**

小学校のクラスメートのトマとカミーユの会話を聞いてください。
- ・1回目は全体を通して読みます。
- ・2回目は、ポーズをおいて読みますから、（ 1 ）〜（ 5 ）の部分を解答欄に書き取ってください。それぞれの（ ）内に入るのは1語とはかぎりません。
- ・最後（3回目）に、もう1回全体を通して読みます。
- ・読み終えてから60秒、見なおす時間があります。
- ・数を記入する場合は、算用数字で書いてください。
（メモは自由にとってかまいません）

［ 音声を聞く順番 ］　**03** → **04** → **03**

**Thomas** : Camille, tu sais qu'il y a un （ 1 ） dans la classe ?

**Camille** : Non. Tu l'as déjà vu ?

**Thomas** : Oui, je lui ai parlé un peu （ 2 ） l'entrée de l'école. Il （ 3 ） en classe tout à l'heure.

**Camille** : Il est comment ?

**Thomas** : Il est （ 4 ）. Il porte （ 5 ）... Il sourit beaucoup.

**Camille** : Il a l'air sympa !

| (1) | |
|---|---|
| (2) | |
| (3) | |
| (4) | |
| (5) | |

（20 秋）

176

聞き取り試験 1

**（読まれる会話文）**

Thomas : Camille, tu sais qu'il y a un nouveau dans la classe ?

Camille : Non. Tu l'as déjà vu ?

Thomas : Oui, je lui ai parlé un peu devant l'entrée de l'école. Il viendra en classe tout à l'heure.

Camille : Il est comment ?

Thomas : Il est blond. Il porte des lunettes... Il sourit beaucoup.

Camille : Il a l'air sympa !

**解説** 小学校のクラスメートのトマとカミーユの会話です。ふたりのクラスに入ってくることになった転校生をめぐって会話がはずんでいます。

(1) トマが1番目のせりふでカミーユに Camille, tu sais qu'il y a un (nouveau) dans la classe ?「カミーユ、このクラスに転校生が来るのを知っているかい」と尋ねています。( 1 ) の前に不定冠詞 un がありますので、( 1 ) のなかには単数の男性名詞が入らなければなりませんが、*nouvelle*、*nouveaux* などの誤答がたくさん見られました。nouveau が「新しい」という意味の形容詞だけでなく、「新入り、新入生」などの名詞として使われることがあることに注意してください。

(2) カミーユが Non.「いいや」と答えたあと、Tu l'as déjà vu ?「もう彼に会ったの？」とトマに質問します。それに対して、トマは2番目のせりふで Oui, je lui ai parlé un peu (devant) l'entrée de l'école.「うん、学校の玄関の前ですこしだけ彼と話をした」と答えています。場所を表わす前置詞の devant を書き取る問題でしたが、*devont*、*devons*、*devon* などの誤答が見られました。

(3) トマはさらに、Il (viendra) en classe tout à l'heure.「彼はまもなく教室にやって来るよ」と言っています。venir を3人称単数の単純未来形に活用させる問題でしたが、*viendras*、*viendrai*、*viandra* などの誤答が見られまし

177

仏検公式ガイドブックセレクション3級（2019-2023）

た。単純未来の活用の勉強に十分な時間が取られていないようにも思われますが、必須の学習事項ですのでがんばってください。

⑷　カミーユは2番目のせりふでIl est comment？「彼はどんな感じ」と転校生のようすを尋ねています。それに対してトマは3番目のせりふでまずIl est (blond).「彼は金髪だ」と答えています。よく知られているはずの単語でしたが、*brond*、*blon*、*blanc*、*long* などの誤答がめだちました。

⑸　トマはさらにIl porte (des lunettes)...「彼はめがねをかけている…」と転校生の様子を描写していきます。des lunettes「めがね」は des chaussures「靴」や des gants「手ぶくろ」と同様に複数形で使われることの多い名詞ですが（単数形の une lunette は「望遠鏡」などの意味になる）、きちんとスペルを覚えておいてください。*des lunnettes*、*les lunettes*、*des lunettres* などの誤答がたくさん見られました。

**解答**　⑴ nouveau　　⑵ devant　　⑶ viendra　　⑷ blond
　　　　　⑸ des lunettes

聞き取り試験 ☐1

### 練習問題 3

マリーとポールの会話を聞いてください。
・1回目は全体を通して読みます。
・2回目は、ポーズをおいて読みますから、（　1　）～（　5　）の部
　分を解答欄に書き取ってください。それぞれの（　　　）内に入るの
　は1語とはかぎりません。
・最後（3回目）に、もう1回全体を通して読みます。
・読み終えてから60秒、見なおす時間があります。
・数を記入する場合は、算用数字で書いてください。
（メモは自由にとってかまいません）

［音声を聞く順番］　**05** → **06** → **05**

**Marie** : Paul, tu rentres à quelle heure ce soir ?

**Paul** : Je suis très (　1　) aujourd'hui, mais je serai là avant
　　　　six heures, c'est (　2　).

**Marie** : Bon. Tu as donc le (　3　) d'acheter un gâteau avant
　　　　de rentrer ?

**Paul** : Oui. Je connais une pâtisserie qui (　4　) à la mode.

**Marie** : Tu parles de la pâtisserie (　5　) de ton bureau ?

**Paul** : Oui, celle-là.

| (1) | |
|---|---|
| (2) | |
| (3) | |
| (4) | |
| (5) | |

（22 春）

仏検公式ガイドブックセレクション3級（2019-2023）

**（読まれる会話文）**

Marie : Paul, tu rentres à quelle heure ce soir ?

Paul : Je suis très occupé aujourd'hui, mais je serai là avant six heures, c'est certain.

Marie : Bon. Tu as donc le temps d'acheter un gâteau avant de rentrer ?

Paul : Oui. Je connais une pâtisserie qui semble à la mode.

Marie : Tu parles de la pâtisserie en face de ton bureau ?

Paul : Oui, celle-là.

**解説** マリーがポールにケーキを買って帰ってくるようにとたのむ会話です。

⑴　まずマリーがポールに Paul, tu rentres à quelle heure ce soir ?「ポール、今晩何時に帰ってくるの」と尋ねています。それに対してポールはまず、Je suis très (occupé) aujourd'hui,「きょうはとても忙しいんだ」と答えています。ポールは1人の男性ですので、性数の一致は必要ありません。

⑵　ポールのせりふはつづきます。mais je serai là avant six heures, c'est (certain)「でも6時前には確実に帰ってるよ」と答えています。*sertant* や *certant* など誤答がかなりありました。それほどむずかしいつづりの単語でもありませんので、確実に覚えておいてください。

⑶　ポールの言葉に対して、マリーは Bon. Tu as donc le (temps) d'acheter un gâteau avant de rentrer ?「そう。じゃあ帰ってくる前にケーキを買う時間はある？」と尋ねています。誤答として *ton* や *temp* が多く見られましたが、そもそも *ton* では意味が通じません。また *temp* と最後のsを忘れてしまった人はこのsが複数のsと勘ちがいしてしまったのではないでしょうか。これはもちろん複数のsではなくつづりにもとから含まれるsですので、まちがえずに覚えておきましょう。

⑷　マリーの問いかけにポールは Oui. Je connais une pâtisserie qui (semble)

180

聞き取り試験 1

à la mode.「うん。流行っているように見えるケーキ屋さんを知ってるよ」
と答えています。こちらも正しくつづれていない *sombre* や *somble* という
誤答を多く見かけました。em の鼻母音 [ɑ̃] はやや深い音で [ɔ̃] と聞こえて
しまったのかもしれませんが、誤答のようなつづりでは意味をなしません。

(**5**) ポールの言葉に対して、マリーは Tu parles de la pâtisserie (en face) de
ton bureau ?「あなたの職場の真向いにあるケーキ屋さんのこと?」と確認
し、ポールが Oui, celle-là.「うん、そこのことだよ」と応じています。問題
文にあるように、(　　) 内に入るのは 1 語とはかぎりませんので注意しま
しょう。face「顔、(ものの) 面、正面」を *fasse* と書いてしまったり、(4)
と同様に en [ɑ̃] が [ɔ̃] と聞こえたのか、*on* とした誤答が見られました。い
ずれもそれでは意味をなしません。

　聞こえた語を書き取る学習（ディクテ）はフランス語習得のためにもひじ
ょうに有効で、準 2 級以上の試験では文章を書き取る問題となります。近ご
ろはスマホのアプリなどでもディクテの練習ができるものがあります。ぜひ
日ごろの勉強に取り入れてみてください。

**解答**　(1) occupé　　(2) certain　　(3) temps　　(4) semble
　　　　　(5) en face

181

仏検公式ガイドブックセレクション 3 級（2019-2023）

## 練習問題 4

　タクシーの運転手 (chauffeur) とローラの会話を聞いてください。
 ・1 回目は全体を通して読みます。
 ・2 回目は、ポーズをおいて読みますから、（　1　）〜（　5　）の部
　分を解答欄に書き取ってください。それぞれの（　　）内に入るの
　は 1 語とはかぎりません。
 ・最後（3 回目）に、もう 1 回全体を通して読みます。
 ・読み終えてから 60 秒、見なおす時間があります。
 ・数を記入する場合は、算用数字で書いてください。
　（メモは自由にとってかまいません）

［音声を聞く順番］　**07** → **08** → **07**

**Le chauffeur** : Bonjour, vous allez où ?

**Laura** : À la gare, s'il vous plaît. Ça (　1　) combien de temps ? Je suis (　2　).

**Le chauffeur** : Vous prenez le (　3　) de quelle heure ?

**Laura** : De quatre heures.

**Le chauffeur** : Dans ce cas-là, ça va. Il est seulement trois heures et demie. Et on y (　4　) dans dix minutes. Vous partez en vacances ?

**Laura** : Oui, pour (　5　).

**Le chauffeur** : C'est bien, ça !

| | |
|---|---|
| (1) | |
| (2) | |
| (3) | |
| (4) | |
| (5) | |

（19 春）

聞き取り試験 1

**（読まれる会話文）**

Le chauffeur : Bonjour, vous allez où ?

Laura : À la gare, s'il vous plaît. Ça prend combien de temps ? Je suis pressée.

Le chauffeur : Vous prenez le train de quelle heure ?

Laura : De quatre heures.

Le chauffeur : Dans ce cas-là, ça va. Il est seulement trois heures et demie. Et on y arrivera dans dix minutes. Vous partez en vacances ?

Laura : Oui, pour deux mois.

Le chauffeur : C'est bien, ça !

---

**解説** タクシーの運転手 (chauffeur) と乗客のローラとの会話です。これから電車に乗ってバカンスに出発しようとしているローラは電車に間に合うか心配そうです。

⑴ タクシーの運転手に行き先をきかれたローラは、À la gare, s'il vous plaît.「駅までお願いします」と言ったあとで、Ça (prend) combien de temps ?「時間はどれぐらいかかりますか」と尋ねています。動詞 prendre を直説法現在の 3 人称単数に活用させるだけの基本的な問題でしたが、*prends*、*pond*、*pont*、*prond* のような誤答がめだちました。ここで prendre は「時間がかかる：～の時間をとる」という意味で使われています。以下に同様の使用例を示しておきますので、参考にしてください。Elle prend deux heures pour son déjeuner.「彼女は昼食に 2 時間かける」、Ce travail prendra plusieurs jours.「この仕事をするには何日もかかります」。

⑵ ローラはつづいて、Je suis (pressée).「私、急いでいるんです」と運転手に言っています。ローラは女性ですので、*pressé* ではなく、pressée と女性形にしなければなりませんでしたが、この性数一致を忘れてしまった誤答がかなりの数にのぼりました。緊張したなかでの聞き取りはけっして簡単な

183

仏検公式ガイドブックセレクション3級（2019-2023）

ものではありませんが、男女の区別、単数と複数の区別ぐらいは落ち着いて
おこないたいものです。

⑶　急いでいると言うローラに、運転手が Vous prenez le (train) de quelle
heure ?「何時の電車に乗るのですか」と尋ねています。これもまた基本中
の基本ともいえる単語の聞き取りでしたが、誤答として *temps* が圧倒的に多
く、その他 *trente* や *tram* も多数ありました。

⑷　ローラが De quatre heures.「4時の電車に乗る」と答えたのをうけて、
運転手は Dans ce cas-là, ça va. Il est seulement trois heures et demie. Et on
y (arrivera) dans dix minutes.「それなら、だいじょうぶです。まだ3時半で
すから。10分後には駅に着きます」と言っています。動詞 arriver を直説法
単純未来の3人称単数に活用させる問題でしたが、*arrivra*、*arriveras*、
*arriverai*、*arrive* などの誤答がめだちました。単純未来の活用形もきちんと
おさらいをしておいてください。

⑸　運転手の Vous partez en vacances ?「バカンスに出かけるのですか」と
いう質問に対して、ローラは Oui, pour (2 mois).「ええ、2か月の予定です」
と答えています。ここでも、*de moi*、*de mois*、*deux moins*、*2 moins*、*deux
moi*、*doux mois* などさまざまな誤答が見られました。

**解答**　⑴ prend　　⑵ pressée　　⑶ train　　⑷ arrivera
　　　　⑸ 2 mois

聞き取り試験 1

**練習問題5**

シルヴィーとモーリスの会話を聞いてください。

・1回目は全体を通して読みます。

・2回目は、ポーズをおいて読みますから、（　1　）～（　5　）の部分を解答欄に書き取ってください。それぞれの（　　　）内に入るのは1語とはかぎりません。

・最後（3回目）に、もう1回全体を通して読みます。

・読み終えてから60秒、見なおす時間があります。

・数を記入する場合は、算用数字で書いてください。

（メモは自由にとってかまいません）

[ 音声を聞く順番 ]　**09** → **10** → **09**

**Sylvie** : Tu as des (　1　) chez toi ?

**Maurice** : Oui, j'ai un chien.

**Sylvie** : Il est comment ?

**Maurice** : Il est petit et (　2　). Il reste toujours dans ma (　3　).

**Sylvie** : Tu ne le (　4　) pas ?

**Maurice** : Si, tous les matins.

**Sylvie** : Et il aime sortir ?

**Maurice** : Pas tellement. Il (　5　) des autres chiens.

| (1) | |
|---|---|
| (2) | |
| (3) | |
| (4) | |
| (5) | |

（22 秋）

185

仏検公式ガイドブックセレクション 3 級（2019-2023）

## （読まれる会話文）

Sylvie : Tu as des animaux chez toi ?

Maurice : Oui, j'ai un chien.

Sylvie : Il est comment ?

Maurice : Il est petit et calme. Il reste toujours dans ma chambre.

Sylvie : Tu ne le promènes pas ?

Maurice : Si, tous les matins.

Sylvie : Et il aime sortir ?

Maurice : Pas tellement. Il a peur des autres chiens.

**解説** シルヴィーとモーリスの会話です。モーリスが飼っている犬をめぐって会話がかわされています。

⑴ シルヴィーが 1 番目のせりふでモーリスに Tu as des (animaux) chez toi ?「家で何か動物を飼っているの」と尋ねています。（　　）の前に des とありますので、（　　）のなかには複数形の名詞が入らなければなりません。また、des‿(animaux) [de·zanimo] とリエゾンがなされていました。これらの点はよく理解されていたようですが、*animals*、*animoux*、*animeaux* などの誤答がめだちました。cheval の複数形が chevaux になるように、-al で終わる単語の複数形のなかには -aux となるものが多数ありますので、確認しておきましょう。

⑵ モーリスはシルヴィーの問いに対して Oui, j'ai un chien.「うん、犬を 1 ぴき飼っているよ」と答えます。それをうけて、シルヴィーは Il est comment ?「どんな犬」と尋ねてきます。その問いに答えたのがモーリスの 2 番目のせりふ Il est petit et (calme).「小さくておとなしいんだ」です。calme [kalm] の音はそれほどむずかしくなかったはずですが、*calm*、*calma*、*carme* などの誤答がありました。

⑶ モーリスはつづけて自分の犬について Il reste toujours dans ma

186

聞き取り試験 **1**

(chambre).「犬はいつもぼくの寝室にいるんだ」と言っています。（　　）の前に ma があるので、女性の単数名詞がくることが予想されたはずです。また chambre はひんぱんに使われる基本語であるにもかかわらず、*chamble*、*chanbre* などの誤答がありました。

⑷　モーリスから犬が部屋のなかに閉じこもりがちだと聞いたシルヴィーは Tu ne le (promènes) pas ?「散歩にはつれていかないの？」と尋ねています。この promener は「散歩させる」という意味の他動詞ですが、アクサン記号を忘れた *promenes* という誤答がかなりの数にのぼりました。

⑸　モーリスは 3 番目のせりふで Si, tous les matins.「いや、毎朝散歩させているよ」と答えます。それに対して、シルヴィーは 4 番目のせりふで Et il aime sortir ?「あなたの犬は外に出るのが好きなのかな」と尋ねています。その問いに答えたのがモーリスの 4 番目のせりふで、Pas tellement. Il (a peur) des autres chiens.「あまり好きじゃないね。ほかの犬をこわがっているんだ」と言っています。〈avoir peur de ＋名詞〉「〜をこわがる」は基本的な熟語表現のはずですが、peur [pœ:r] の聴解がむずかしかったようです。*a pour*、*a peux*、*a peu* などの誤答がありました。

**解答**　⑴ animaux　　⑵ calme　　⑶ chambre　　⑷ promènes
　　　　⑸ a peur

仏検公式ガイドブックセレクション 3 級（2019-2023）

**練習問題 6**

リュシーと父親の会話を聞いてください。
- ・1回目は全体を通して読みます。
- ・2回目は、ポーズをおいて読みますから、（　1　）～（　5　）の部分を解答欄に書き取ってください。それぞれの（　　）内に入るのは1語とはかぎりません。
- ・最後（3回目）に、もう1回全体を通して読みます。
- ・読み終えてから60秒、見なおす時間があります。
- ・数を記入する場合は、算用数字で書いてください。

（メモは自由にとってかまいません）

［ 音声を聞く順番 ］　⓫ → ⓬ → ⓫

**Le père** : Lucie, tu penses que tu vas réussir à tes (　1　) ?

　**Lucie** : Bien sûr papa ! Tu vas (　2　).

**Le père** : Je suis (　3　) pour toi. Tu as bien étudié l'anglais ?

　**Lucie** : Oui. De toute façon, je suis très (　4　) en anglais.

**Le père** : Et (　5　) ?

　**Lucie** : Arrête papa !

| (1) | |
|---|---|
| (2) | |
| (3) | |
| (4) | |
| (5) | |

（23 秋）

聞き取り試験 1

**（読まれる会話文）**

Le père : Lucie, tu penses que tu vas réussir à tes examens ?

Lucie : Bien sûr papa ! Tu vas voir.

Le père : Je suis inquiet pour toi. Tu as bien étudié l'anglais ?

Lucie : Oui. De toute façon, je suis très forte en anglais.

Le père : Et l'histoire ?

Lucie : Arrête papa !

**解説** リュシーと父親の会話です。リュシーが受けることになっている試験をめぐって会話がかわされています。

(1)　父親が1番目のせりふでリュシーに Lucie, tu penses que tu vas réussir à tes (examens) ?「リュシー、試験に受かると思うかい」と尋ねています。（　1　）の前に tes とありますので、（　1　）のなかには複数形の名詞が入らなければなりません。また、tes‿(examens) [te·zɛgzamɛ̃] とリエゾンがなされていました。ここまではよくわかっていたようですが、*examents*、*examan* などの誤答がめだちました。

(2)　リュシーは父親の問いに対して Bien sûr papa ! Tu vas (voir).「もちろんよ、パパ。今にわかるわ」と答えます。ここで voir は「わかる、理解する」の意味で使われています。たとえば、Je ne vois pas très bien de quoi elle parle.「彼女が何の話をしているのか、私にはよくわかりません」のように使います。また Tu vas voir. のように直接目的語なしに使われることもあります。また、voir と boire の音が区別できなかったのか *boire* の誤答がめだちました。

(3)　リュシーは自信満々のようですが、父親は Je suis (inquiet).「父さんは心配なんだ」と自分の気持ちを打ち明けます。本番の試験では inquiet [ɛ̃kjɛ] は直前の suis の s とリエゾンしないかたちで発音されましたが、正確に聞き取ることができなかった受験者が多かったようです。

189

仏検公式ガイドブックセレクション 3 級（2019-2023）

⑷　父親は 2 番目のせりふの後半で Tu as bien étudié l'anglais ?「英語はし
っかり勉強したのかい」と尋ねています。これに対して、リュシーは 2 番目
のせりふで、Oui.「ええ」と答えたあと、De toute façon, je suis très (forte)
en anglais.「いずれにしても、私は英語がとっても得意だから」と言ってい
ます。ここで形容詞の forte は「得意な」の意味で使われています。リュシ
ーが女性であることを忘れてしまったのか、男性形の *fort* や *for* といった誤
答がたくさんありました。

⑸　父親はリュシーから英語が得意だと聞かされてもまだ心配なのか、さら
に質問をつづけて、Et (l'histoire) ?「では、歴史はどうなんだい」と尋ねます。
定冠詞の l' を落とした誤答がたくさんありました。また *l'histoir* のような
誤答もめだちました。なお、試験では問われていませんが、リュシーの最後
のせりふ Arrête papa !は「パパ、もうやめて！」という意味になります。

**解答**　⑴ examens　　⑵ voir　　⑶ inquiet　　⑷ forte
⑸ l'histoire

# 2

　聞き取ったフランス語の文に、もっともふさわしい状況を表わす絵を選択する問題です。配点 10。

　読み上げられる 5 つの文は、同一人物の行動を描写する文であったり、同一人物がみずからの行動を語る文であったりします。選択肢のイラストは 9 枚あります。なによりも重要なのは、きちんとフランス語を聞き取ることです。そのうえで、限られた時間のなかで、聞き取ったフランス語の内容に合致したイラストを適切に選択するために、9 枚のイラストのちがいを把握することが必要になります。登場人物が何をしているのか、登場人物とともにどのようなものが描かれているのか、そのものと登場人物との関係はどうなっているのか、さらに、いつ、どこの場面なのかなどを、イラストからすばやくつかんでください。

## 練習問題 1

- フランス語の文(1)～(5)を、それぞれ3回ずつ聞いてください。
- それぞれの文にもっともふさわしい絵を、下の①～⑨のなかから1つずつ選び、解答欄のその番号にマークしてください。ただし、同じものを複数回用いることはできません。
 (メモは自由にとってかまいません)

[ 音声を聞く順番 ]　⓭ → ⓮

(1) (　　)　　(2) (　　)　　(3) (　　)
(4) (　　)　　(5) (　　)

(23 秋)

聞き取り試験 2

**（読まれる文）**

(1) Il écrit une carte sur une table.

(2) Il consulte la carte d'un restaurant.

(3) Il met une carte à la poste.

(4) Il paye avec une carte.

(5) Il cherche son chemin sur une carte.

**解説** 読まれる文のすべてに carte という語が出てきます。carte はいくつかの意味をもった語ですが、絵のそれぞれの状況のなかでどの意味で使われているかを判断することが聴解のポイントになります。

⑴ 「彼はテーブルの上ではがきを書いている」という意味です。ここで carte は「はがき」の意味で使われています。はがきを書いているのは③だけですので、これが正答になります。

⑵ 「彼はレストランのメニューを見ている」という意味です。ここで carte は「メニュー」の意味で使われています。食器やグラスや皿がセットされたテーブルでメニューを見ているのは⑨だけですので、これが正答になります。

⑶ 「彼は郵便ポストにはがきを投函する」という意味です。ここでも carte は「はがき」の意味で使われています。郵便ポストに投函しようとしているのは⑤だけですので、これが正答になります。

⑷ 「彼はカードで支払う」という意味です。ここで carte は「カード（クレジットカードやデビットカードなど）」の意味で使われています。店のレジのところで男性がカードを出している⑦が正答になります。

⑸ 「彼は地図で自分の行くべき道をさがしている」という意味です。ここで carte は「地図」の意味で使われています。男性が地図をひろげて、周囲を見わたしている①が正答になります。

なお、試験では問われませんでしたが、⑥の絵に描かれている「トランプ」も carte といいます。複数形で使われることが多く、たとえば、Les enfants

193

仏検公式ガイドブックセレクション 3 級 (2019-2023)

jouent aux cartes.「子どもたちはトランプで遊んでいる」のように使います。
同様に、⑧の絵に描かれている「名刺」もまた carte といいます。Il m'a
donné sa carte. で「彼は私に名刺をくれた」という意味になります。名刺に
関しては carte de visite という言い方も広く使われていますので、覚えてお
きましょう。

**解 答**　(1) ③　　(2) ⑨　　(3) ⑤　　(4) ⑦　　(5) ①

聞き取り試験 2

練習問題 2

・フランス語の文 (1) 〜 (5) を、それぞれ 3 回ずつ聞いてください。
・それぞれの文にもっともふさわしい絵を、下の①〜⑨のなかから 1 つずつ選び、解答欄のその番号にマークしてください。ただし、同じものを複数回用いることはできません。
（メモは自由にとってかまいません）

[ 音声を聞く順番 ]　❶❺ → ❶❻

(1) (　　) 　(2) (　　) 　(3) (　　)
(4) (　　) 　(5) (　　)

(21 春)

仏検公式ガイドブックセレクション 3 級（2019-2023）

## （読まれる文）

(1) Elle achète du poisson au marché.

(2) Elle donne quelque chose à manger aux poissons.

(3) Elle mange du poisson avec des baguettes.

(4) Elle prépare un plat de poisson.

(5) Elle regarde des poissons avec ses enfants.

**解 説** 、すべての絵に「女性」と「魚」poisson(s) が描かれています。「彼女」が「魚」をどうしているかを聞き取れるかが問われます。

(1) 「彼女は市場で魚を買う」という意味です。acheter「買う」の活用形や、marché「市場」が聞き取れているかということにくわえ、poisson につけられているのが部分冠詞 du で、食材として扱われているということも聴解のポイントです。そのような様子が描かれているのは⑤で、これが正答です。

(2) 「彼女は魚に食べ物をあたえている」という意味です。quelque chose「何か」のあとに à ＋不定詞でつづけると、「～する（ための）もの」という表現になります。aux poissons「魚に」のところの、aux の音もしっかり聞き取れたでしょうか。donner「あたえる」という動詞のあとに à がつづくと、だれにあたえるかをみちびきます。発音の上では、au poisson と aux poissons はまったく同じで、区別することはできません。それでも、「魚に」ということが聞き取れていれば、文の内容と合致する絵が⑨であるということがわかるはずで、これが正答です。

(3) 「彼女は箸で魚を食べている」という意味です。manger「食べる」という語にくわえて、(1)とおなじく、poisson に du と部分冠詞がついていることから、「魚」が食材として扱われているということがわかります。baguette は「棒」という意味ですが、複数形で使われており、また「食べる」という動詞がある文のなかに出てきますから、2つペアで使う棒、すなわち「箸」だとわかります。baguette は複数形になっても同じ発音ですが、複数形の名詞につける不定冠詞 des がついているので、複数として聞き取ることができ

196

聞き取り試験 2

ます。以上から、ふさわしい絵は④となります。

(4) 「彼女は魚料理を作っている」という意味になります。préparer は「準備する」という意味の動詞ですが、「料理を作る」という意味もあります。ここでは plat「料理」があることからそちらの意味でとります。「料理をする」という表現には faire la cuisine もありますが、これがどちらかというと家事のひとつとして料理をする行為一般を表わすのに対し、préparer un plat とすると具体的に何かの品を作る行為を表わします。以上から、読まれた文に合致する絵は⑥です。

(5) 「彼女は子どもたちと魚を見ている」という意味になります。avec ses enfants「子どもたちと」という点にくわえ、Elle regarde「彼女は見ている」という主述関係でも、③と⑧の絵のいずれも合致していることになります。ところが、poissons に不定冠詞 des がついていることから、ここで「魚」が単数か複数かを聞き分けることとなります。複数の魚を子どもたちといっしょに見ているところを描いたのは⑧のほうで、これが正答となります。

**解答**　(1) ⑤　　(2) ⑨　　(3) ④　　(4) ⑥　　(5) ⑧

### 練習問題 3

- フランス語の文 (1) 〜 (5) を、それぞれ 3 回ずつ聞いてください。
- それぞれの文にもっともふさわしい絵を、下の①〜⑨のなかから 1 つずつ選び、解答欄のその番号にマークしてください。ただし、同じものを複数回用いることはできません。
  （メモは自由にとってかまいません）

[ 音声を聞く順番 ]　❶❼ → ❶❽

(1) (　　)　(2) (　　)　(3) (　　)
(4) (　　)　(5) (　　)

（23 春）

聞き取り試験 2

**（読まれる文）**

(1) Il va boire de la bière dans la cuisine.
(2) Il n'y a personne dans la cuisine.
(3) Il nettoie la cuisine en chantant.
(4) Il fait la cuisine tout seul.
(5) Ils font la cuisine dans le jardin.

**解説** 絵はどれも「台所」あるいは「料理」に関係するものです。女性名詞 cuisine は「台所」と「料理」の両方を意味します。読まれる文のすべてに cuisine が使われていますので、それぞれの文において、どちらの意味で用いられているのかを考えることになります。

(1) 「彼は台所でビールを飲もうとしている」という意味です。il va boire は近接未来を表わす〈aller ＋不定詞〉で、これからビールを飲もうとしている状況であることがわかります。また la cuisine に場所を表わす前置詞 dans がついていますので、この cuisine が台所であることがわかります。そのようなようすが描かれているのは③ですので、これが正答です。

(2) 「台所にはだれもいない」という意味です。ここでは ne ... personne「だれも～ない」という否定の表現を聞き取って、それを理解できるかどうかがポイントです。また(1)とおなじく dans la cuisine となっていますので、この cuisine が台所であることがわかります。この文の内容と合致する絵は⑧しかありませんので、これが正答になります。

(3) 「彼は歌いながら台所のそうじをする」という意味です。この問題は動詞 chanter「歌う」のジェロンディフ en chantant「歌いながら」を聞き取れるかどうかがポイントです。la cuisine が動詞 nettoyer「そうじをする」の直接目的語となっていますので、これは台所であることがわかります。これらの状況にあてはまる絵は④になります。

(4) 「彼はたったひとりで料理をしている」という意味です。faire la cuisine「料理をする」というよく使われる表現を知っていれば、この cuisine が料

199

仏検公式ガイドブックセレクション3級（2019-2023）

理であることがわかります。正しい絵を選ぶためには、tout seul「たったひ
とりで」を聞き取ることがポイントになります。tout は副詞的な形容詞 seul
「ひとりで」を強調する副詞です。読まれた文にあてはまる絵は①になりま
す。

⑸ 「彼らは庭で料理をしている」という意味です。主語人称代名詞 il「彼」
と ils「彼ら」はおなじ発音 [il イル] です。主語を聞き取っただけでは、こ
の主語が単数なのか、複数なのかは判断できません。elle「彼女」と elles「彼
女ら」も同様です。しかし、ここでは動詞 faire の直説法現在の3人称複数
の活用 font を聞き取ることができれば、主語が複数の ils であることがわか
ります。この問題のように、主語の聞き取りだけではそれが単数か複数かが
わからない場合は、動詞の活用で判断することになります。聞き取り問題で
は動詞がどのように活用しているのかを聞き取ることが重要です。読まれた
文に合致する絵は⑥になります。

**解 答**　(1) ③　　(2) ⑧　　(3) ④　　(4) ①　　(5) ⑥

## 練習問題 4

・フランス語の文 (1) ～ (5) を、それぞれ 3 回ずつ聞いてください。
・それぞれの文にもっともふさわしい絵を、下の ① ～ ⑨ のなかから 1 つずつ選び、解答欄のその番号にマークしてください。ただし、同じものを複数回用いることはできません。
（メモは自由にとってかまいません）

[音声を聞く順番] ⓳ → ⓴

(1) (　　)　　(2) (　　)　　(3) (　　)
(4) (　　)　　(5) (　　)

(19 春)

仏検公式ガイドブックセレクション3級 (2019-2023)

**〈読まれる文〉**

(1) Il a sa clé sur lui.

(2) Il reçoit sa clé à l'hôtel.

(3) Il fait tomber sa clé.

(4) Il laisse sa clé sur la chaise.

(5) Il cherche sa clé dans son bureau.

**解説** すべての絵に「男」と「鍵」(clé) が描かれています。「男」がどこにいて、「鍵」をどうしているかを聞き取ることがポイントになります。

**(1)** 「彼は鍵を身につけて持っている」という意味です。男が鍵を忘れずに所持しているすがたが確認されるのは③しかありませんので、これが正答になります。この sur は「～を身につけて」という意味ですが、この用法に慣れていなかったものと思われます。以下のような用例を参考にきちんと学習しておいてください。Je n'ai pas d'argent **sur** moi.「私は今、お金の持ち合わせがありません」、Avez-vous des allumettes **sur** vous ?「マッチをお持ちですか」。

**(2)** 「彼はホテルで鍵を受け取る」という意味です。ホテルのレセプションで鍵を受け取っている男のすがたが描かれているのは⑦だけですので、これが正答になります。①は鍵屋さんで鍵を受け取っているところですので正答にはなりません。

**(3)** 「彼は鍵を落とす」という意味です。歩いているさいちゅうに鍵を落としてしまう男のすがたが描かれているのは⑧だけですので、これが正答になります。

**(4)** 「彼はいすの上に鍵を置き忘れる」という意味です。いすの上に鍵を置いたまま立ち去ろうとしている男が描かれているのは⑤ですので、これが正答になります。

**(5)** 「彼は机のなかに鍵がないか調べている」という意味です。机の引き出

聞き取り試験 2

しを開けて男が鍵をさがしているのは②だけですので、これが正答になります。

**解答** (1) ③　　(2) ⑦　　(3) ⑧　　(4) ⑤　　(5) ②

仏検公式ガイドブックセレクション3級 (2019-2023)

## 練習問題5

・フランス語の文 (1) 〜 (5) を、それぞれ3回ずつ聞いてください。
・それぞれの文にもっともふさわしい絵を、下の①〜⑨のなかから1つずつ選び、解答欄のその番号にマークしてください。ただし、同じものを複数回用いることはできません。
（メモは自由にとってかまいません）

［音声を聞く順番］　㉑ → ㉒

(1) (　　　)　　(2) (　　　)　　(3) (　　　)

(4) (　　　)　　(5) (　　　)

① ② ③

④ ⑤ ⑥

⑦ ⑧ ⑨

(22春)

聞き取り試験 2

**（読まれる文）**

(1) Elle lit un livre sur un banc.
(2) Elle achète des livres dans la librairie.
(3) Elle rend un livre à la bibliothèque.
(4) Elle montre son livre à une amie.
(5) Elle prête son livre à un ami.

**解説** すべての絵に「女性」と「本」livre(s) が描かれています。「彼女」が「本」をどうしているかを聞き取れるかが問われます。

**(1)** 「彼女はベンチで本を読んでいる」という意味です。lire「読む」の活用形や、banc「ベンチ」が聞き取れているかということにくわえ、livre の不定冠詞 un も聞き取る際のポイントです。そのような様子が描かれているのは③で、これが正答です。

**(2)** 「彼女は書店で本を（数冊）買う」という意味です。この問題では動詞 acheter「買う」の活用形が Elle‿achète とアンシェヌマンで主語とつなげて読まれますので、ここが聞き取る際のポイントの１つとなります。くわえて librairie「書店」も聴解のポイントです。文の内容と合致する絵は②しかありませんので、これが正答です。

**(3)** 「彼女は図書館に（１冊の）本を返す」という意味です。rendre「返す」という語にくわえて、(1)とおなじく、livre に不定冠詞 un がついており、さらに bibliothèque「図書館」とありますので、これらの条件にあてはまる絵はおのずと⑥になります。

**(4)** 「彼女は（自分の）本を友人に見せる」という意味になります。montrer は「見せる」という意味の動詞で、また聞き取る際には une amie「（１人の女性の）友人」に注意が必要です。というのもこの友人が男性か女性か区別できないと、④も⑨もあてはまってしまうからです。つづりでは amie は女性形であることがわかりますが、発音には男女の区別は表われません。一方で直前の不定冠詞 une は男性形 un と発音がことなりますから、ここで友人

205

仏検公式ガイドブックセレクション 3 級 (2019-2023)

が女性であると判断するわけです。以上から読まれた文に合致する絵は⑨ということになります。

⑸ 「彼女は（自分の）本を友人に貸す」という意味です。prêter「貸す」という動詞にくわえ、今度は un ami「（1 人の男性の）友人」であることに注意しましょう。⑷と同様に不定冠詞 un の発音から友人が男性であることがわかれば、合致する絵は④ということになります。

**解答**　(1) ③　　(2) ②　　(3) ⑥　　(4) ⑨　　(5) ④

206

## 練習問題 6

- フランス語の文 (1) 〜 (5) を、それぞれ 3 回ずつ聞いてください。
- それぞれの文にもっともふさわしい絵を、下の ① 〜 ⑨ のなかから 1 つずつ選び、解答欄のその番号にマークしてください。ただし、同じものを複数回用いることはできません。
  （メモは自由にとってかまいません）

［ 音声を聞く順番 ］　㉓ → ㉔

(1) (　　)　　(2) (　　)　　(3) (　　)
(4) (　　)　　(5) (　　)

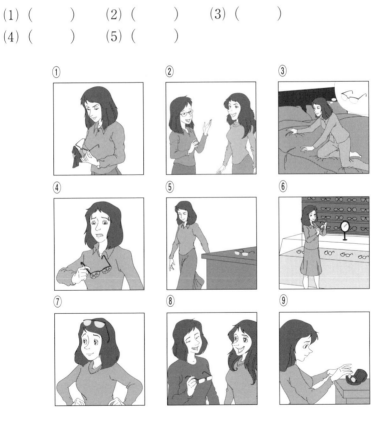

(19 秋)

仏検公式ガイドブックセレクション3級（2019-2023）

## （読まれる文）

(1) Elle porte ses lunettes sur ses cheveux.
(2) Elle nettoie ses lunettes avec un mouchoir.
(3) Elle choisit des lunettes dans un magasin.
(4) Elle a cassé ses lunettes.
(5) Elle parle à une amie avec ses lunettes à la main.

**解説** すべての絵に「女性」と「眼鏡」（複数形 lunettes）が描かれています。「女性」が「眼鏡」をどうしているかを聞き取ることがポイントになります。

**(1)**「彼女は髪の上に眼鏡をかけている」という意味です。女性が眼鏡を頭の上にのせているすがたが確認されるのは⑦しかありませんので、これが正答になります。

**(2)**「彼女はハンカチで眼鏡をきれいにしている」という意味です。小さな布で眼鏡のレンズを拭いている女性のすがたが描かれているのは①だけですので、これが正答になります。

**(3)**「彼女は店内で眼鏡を選んでいる」という意味です。商品が陳列されている眼鏡店内を背景にして、商品を手にとって眺めている女性のすがたが描かれているのは⑥だけですので、これが正答になります。

**(4)**「彼女は自分の眼鏡をこわした」という意味です。複合過去の表現になっています。レンズの割れた眼鏡を手にしている女性が描かれているのは④ですので、これが正答になります。

**(5)**「彼女は眼鏡を片手に持って、女友だちに話をしている」という意味です。女性が2人描かれているのは②と⑧ですが、②は左側の女性が眼鏡をかけているのに対して、⑧の左側の女性は右手で眼鏡のフレームを持っていますから、⑧が正答になります。

**解答** (1)⑦　　(2)①　　(3)⑥　　(4)④　　(5)⑧

# 3

　会話文を聞き取り、5つの日本語の文がその内容に一致しているかどうかを判断する問題です。配点10。

　ある程度の量のフランス語によるやりとりを正確に聞き取れるかどうか、その内容が理解できているかどうかがためされます。

　どの会話が問題になっているのかを確認したうえで、どちらがどのような意見や主張をしているのかを把握するように努めてください。

　このようなフランス語を聞き取る力を向上させるためには、日ごろからフランス語を聞く努力が不可欠です。市販の教材を使った訓練もよいですし、ウェブ上でふれることができるテレビやラジオ番組のフランス語に耳を傾けるのも効果的です。

　ただし、音声を聞き流すだけでフランス語を聞く力が向上するわけではありません。フランス語で書かれた文章を読んで語彙や表現を豊かにしておくことも聞く力を向上させるには必要なことですから、ぜひともこのふたつのことを実践してください。

仏検公式ガイドブックセレクション 3 級（2019-2023）

## 練習問題 1

　　・クレマンとオレリーの会話を 3 回聞いてください。
　　・次の(1)～(5)について、会話の内容に一致する場合は解答欄の①に、
　　　一致しない場合は②にマークしてください。
　　　（メモは自由にとってかまいません）

[ 音声を聞く順番 ]　　**㉕** → **㉖** → **㉗**

(1) オレリーは休暇中に列車で両親のもとへ帰った。

(2) オレリーの両親は南フランスのある町に住んでいる。

(3) オレリーは両親のもとに 2 週間滞在した。

(4) オレリーは休暇中に海で泳がなかった。

(5) オレリーの両親が住む町の植物園はフランスでもっとも大きいもののひ
　　とつだ。

(22 春)

聞き取り試験 3

### （読まれる会話文）

Clément : Où est-ce que tu es allée pendant les vacances ?

Aurélie : Je suis retournée chez mes parents en voiture. Ils habitent dans une ville du sud de la France. J'y suis restée deux semaines.

Clément : Qu'est-ce que tu as fait là-bas ?

Aurélie : J'ai nagé dans la mer et je me suis promenée au jardin des plantes dans le centre-ville.

Clément : Est-ce qu'il est grand, ce jardin ?

Aurélie : Oui, c'est un des plus grands de France.

**解説** クレマンがオレリーに、休暇中どこへ行き、何をしていたのかを尋ねています。

(1)「オレリーは休暇中に列車で両親のもとへ帰った」については、クレマンの Où est-ce que tu es allée pendant les vacances ?「休暇中どこへ行ったの」に対し、オレリーが Je suis retournée chez mes parents en voiture.「私は車で両親のもとへ帰ったの」と答えていますので、対話の内容に一致しません。

(2)「オレリーの両親は南フランスのある町に住んでいる」については、さきほどの言葉につづけてオレリーが Ils habitent dans une ville du sud de la France.「彼ら（両親）は南フランスのある町に住んでいるのよ」と言っていますので、対話の内容に一致します。

(3)「オレリーは両親のもとに 2 週間滞在した」については、オレリーは J'y suis restée deux semaines.「私はそこに 2 週間滞在したの」と言っていますから、対話の内容と一致します。主語 Je とエリジオンでつながっている中性代名詞 y はここでは chez mes parents を指しています。

(4)「オレリーは休暇中に海で泳がなかった」については、クレマンのオレ

211

仏検公式ガイドブックセレクション 3 級（2019-2023）

リーに対する質問 Qu'est-ce que tu as fait là-bas ?「そこで何をしていたの」
に、オレリーが J'ai nagé dans la mer et je me suis promenée au jardin des
plantes dans le centre-ville.「海で泳いで、町の中心にある植物園で散歩をし
ていたわ」と答えていますので、対話の内容に一致しません。

⑸ 「オレリーの両親が住む町の植物園はフランスでもっとも大きいものの
ひとつだ」については、クレマンがオレリーに Est-ce qu'il est grand, ce
jardin ?「その植物園って大きいの」と尋ねたのに対し、オレリーが Oui, c'est
un des plus grands de France.「うん、フランスでもっとも大きいもののひ
とつなのよ」と答えていますから、対話の内容に一致します。

**解答** (1) ②　　(2) ①　　(3) ①　　(4) ②　　(5) ①

212

聞き取り試験 3

**練習問題 2**

・フィリップとマルゴの会話を 3 回聞いてください。
・次の (1) ～ (5) について、会話の内容に一致する場合は解答欄の① に、
　一致しない場合は② にマークしてください。
　（メモは自由にとってかまいません）

[ 音声を聞く順番 ] ㉘ → ㉙ → ㉚

(1) マルゴが働いていたスーパーマーケットは駅の向かいにある。

(2) マルゴは 3 ヵ月前にスーパーマーケットをやめた。

(3) マルゴが働いていたスーパーマーケットの店主は親切だった。

(4) マルゴはスーパーマーケットで働くために毎朝 5 時に起きていた。

(5) マルゴは失業中である。

(22 秋)

213

仏検公式ガイドブックセレクション 3 級（2019-2023）

## （読まれる会話文）

Philippe : Tu travailles toujours dans le supermarché en face de la gare ?

Margot : Non, j'ai arrêté d'y travailler le mois dernier.

Philippe : Pourquoi ? Tu n'aimais pas ton travail ?

Margot : Non. Le patron était gentil mais le travail était trop dur pour moi. Je devais me lever à cinq heures du matin tous les jours.

Philippe : Oh ! là là, c'est terrible ! Qu'est-ce que tu fais maintenant ?

Margot : Je travaille dans une épicerie près de chez moi.

**解説** フィリップとマルゴは、マルゴの仕事について話し合っています。ふたりの間でどのような会話がなされたのかを注意深く聞き取ってください。

(1) 「マルゴが働いていたスーパーマーケットは駅の向かいにある」については、フィリップが最初のせりふで Tu travailles toujours dans le supermarché en face de la gare ?「今でも駅の向かいのスーパーマーケットで働いているの？」とマルゴに尋ねていますので、マルゴがかつて駅の向かいのスーパーマーケットで働いていたことがわかります。これは会話の内容に一致しています。

(2) 「マルゴは 3 ヵ月前にスーパーマーケットをやめた」については、マルゴは最初のせりふで Non, j'ai arrêté d'y travailler le mois dernier.「いえ、先月そこで働くのをやめたのよ」と答えていますので、会話の内容に一致していません。

(3) 「マルゴが働いていたスーパーマーケットの店主は親切だった」については、マルゴは 2 番目のせりふで Le patron était gentil mais le travail était trop dur pour moi.「店主は親切だったけれど、仕事は私にはきつすぎた」と言っていますので、会話の内容に一致しています。

聞き取り試験 3

⑷ 「マルゴはスーパーマーケットで働くために毎朝 5 時に起きていた」に
ついては、マルゴが 2 番目のせりふのつづきで Je devais me lever à cinq
heures du matin tous les jours.「私は毎朝 5 時に起きなければならなかった
のよ」と言っていますので、会話の内容に一致しています。

⑸ 「マルゴは失業中である」については、フィリップの 3 番目のせりふ
Qu'est-ce que tu fais maintenant ?「それで今は何をしているの」に対して、
マルゴは Je travaille dans une épicerie près de chez moi.「家の近くの食料
品店で働いている」と答えていますので、会話の内容に一致していません。

**解答**　 ⑴ ①　　 ⑵ ②　　 ⑶ ①　　 ⑷ ①　　 ⑸ ②

215

仏検公式ガイドブックセレクション 3 級 (2019-2023)

## 練習問題 3

・ディディエとホテルの受付係の会話を 3 回聞いてください。
・次の (1) ～ (5) について、会話の内容に一致する場合は解答欄の①に、
一致しない場合は②にマークしてください。
（メモは自由にとってかまいません）

[ 音声を聞く順番 ]　 **㉛ → ㉜ → ㉝**

⑴ 以前ディディエがこの町に来たときは両親といっしょだった。

⑵ ディディエはこの町を訪れたときのことをよく覚えている。

⑶ ホテルの受付係によれば、この町はとても美しい。

⑷ この町には教会が 1 つしかない。

⑸ ディディエはこれからすぐ出かける。

(23 秋)

216

聞き取り試験 3

**（読まれる会話文）**

Didier : Bonsoir, madame. Vous avez un plan de la ville ?

La réceptionniste : Voilà. Vous avez déjà visité notre ville ?

Didier : Oui. Je suis venu une fois avec mes parents. Mais je ne me souviens pas de ce voyage.

La réceptionniste : C'est une très belle ville.

Didier : Qu'est-ce que vous me recommandez ?

La réceptionniste : Allez voir les églises d'abord. Elles sont toutes magnifiques.

Didier : Alors, je vais y aller demain. Maintenant, il est trop tard pour sortir.

**解説** ディディエとホテルの受付係の女性が話し合っています。ふたりの間でどのような会話がなされたのかを注意深く聞き取ってください。

(1) 「以前ディディエがこの町に来たときは両親といっしょだった」については、受付係の女性がディディエに町の地図を Voilà.「はい、どうぞ」と言ってわたしたあと、Vous avez déjà visité notre ville ?「あなたは私たちの町に以前来られたことはありますか」と尋ねていますが、それに対してディディエは 2 番目のせりふで Oui. Je suis venu une fois avec mes parents.「ええ。1 度両親といっしょに来たことがあります」と答えていますので、会話の内容に一致しています。

(2) 「ディディエはこの町を訪れたときのことをよく覚えている」については、ディディエが 2 番目のせりふの後半で Mais je ne me souviens pas de ce voyage.「でも、その旅行のことはよく覚えていません」と答えていますので、会話の内容に一致していません。

(3) 「ホテルの受付係によれば、この町はとても美しい」については、受付係の女性が 2 番目のせりふで C'est une très belle ville.「この町はとても美

217

しいですよ」と言っていますので、会話の内容に一致しています。

⑷ 「この町には教会が1つしかない」については、受付係の女性が3番目のせりふで Allez voir les églises d'abord. Elles sont toutes magnifiques.「最初に教会を見に行くことをおすすめします。とってもすばらしいですよ」と言っていますので、会話の内容に一致していません。les églises [le·zegliz] のリエゾン、さらにその les églises を代名詞 elles でうけた次の文が聞き取れたなら、「教会」が複数であることにかんたんに気づいたことと思います。

　なお、Elles sont toutes magnifiques. の toutes を副詞と考えた場合は、toutes が magnifiques を修飾すると考えられますので、上の訳のように「とっても」の意味になります（副詞の tout はほんらい無変化なのですが、子音または有音の h で始まる女性形容詞の前に置かれたときは、例外的に性数の変化をします）が、toutes を不定代名詞と考えた場合は、主語の Elles と同格的に使われていると見なすことができます。そのとき、文全体は「それらの教会はみなすばらしいですよ」の意味になります。どちらの場合でも、この町に教会が複数あることにちがいはありません。

⑸ 「ディディエはこれからすぐ出かける」については、ディディエが4番目のせりふで Alors, je vais y aller demain. Maintenant, il est trop tard pour sortir.「では、あした行ってみることにします。今はもう出かけるには遅すぎるので」と答えていますので、会話の内容に一致していません。

**解答**　(1) ①　　(2) ②　　(3) ①　　(4) ②　　(5) ②

聞き取り試験 3

練習問題 4

　　　・マリアンヌとショウタの会話を 3 回聞いてください。
　　　・次の(1)～(5)について、会話の内容に一致する場合は解答欄の①に、
　　　　一致しない場合は②にマークしてください。
　　　　(メモは自由にとってかまいません)

[ 音声を聞く順番 ]　　❸❹ → ❸❺ → ❸❻

(1) ショウタはドイツ料理を食べたことがない。

(2) 新しいドイツ料理店が駅の中にできた。

(3) マリアンヌは今晩カロリーヌと新しいドイツ料理店に行く予定だ。

(4) ショウタはドイツ料理をおいしそうだと言っている。

(5) ショウタはマリアンヌたちと新しいドイツ料理店に行くことにした。

(21 春)

219

仏検公式ガイドブックセレクション3級（2019-2023）

## （読まれる会話文）

Marianne : Shota, tu aimes la cuisine allemande ?

Shota : Euh, je ne sais pas. Je n'en ai jamais mangé. Pourquoi ?

Marianne : Parce qu'un restaurant allemand vient d'ouvrir en face de la gare. J'y vais avec Caroline demain soir. Tu viens avec nous ?

Shota : C'est comment, la cuisine allemande ?

Marianne : Il y a beaucoup de plats avec du porc, des pommes de terre et du chou.

Shota : Ça a l'air très bon.

Marianne : Oui, j'aime bien en manger de temps en temps.

Shota : Bon, d'accord. J'y vais avec vous.

**解 説** マリアンヌがショウタに、ドイツ料理が好きかどうかを尋ねますが、ショウタはドイツ料理がどのようなものかよく知りません。ふたりの間でどのような会話がなされたのかを注意深く聞き取ってください。

⑴ 「ショウタはドイツ料理を食べたことがない」については、マリアンヌの Shota, tu aimes la cuisine allemande ?「ショウタ、ドイツ料理は好き？」に対し、ショウタが Euh, je ne sais pas. Je n'en ai jamais mangé.「さあ、わからない。食べたことないよ」と答えていますので、対話の内容に一致します。

⑵ 「新しいドイツ料理店が駅の中にできた」については、マリアンヌが Parce qu'un restaurant allemand vient d'ouvrir en face de la gare.「それというのも駅の前にドイツ料理店が開いたところなのよ」と話しているので、対話の内容に合致しません。en face de「～の前に」が聞き取れているかどうかがポイントですが、それにくわえて、「開いたところ」という近接過去の表現で、このドイツ料理店が「新しい」ということを理解できるかどうかも

220

聞き取り試験 3

問われます。

⑶ 「マリアンヌは今晩カロリーヌと新しいドイツ料理店に行く予定だ」については、マリアンヌが J'y vais avec Caroline demain soir.「あすの夜カロリーヌとそこに行くの」と話しており、中性代名詞の y が指しているのは文脈から新しいドイツ料理店のことですから、対話の内容に一致しません。

⑷ 「ショウタはドイツ料理をおいしそうだと言っている」については、ショウタが Ça a l'air très bon.「とてもおいしそうだね」と言っていますので、対話の内容に一致します。avoir l'air ＋形容詞「〜なようすをしている」の表現です。

⑸ 「ショウタはマリアンヌたちと新しいドイツ料理店に行くことにした」については、ショウタが J'y vais avec vous.「君たちといっしょに行くよ」と言っていますので、対話の内容に一致します。マリアンヌはカロリーヌとドイツ料理店に行くつもりだと話していましたが、そのあと Tu viens avec nous ?「私たちといっしょに来る？」とショウタを誘っています。ただ、仮にこのマリアンヌの発言を聞き取れていなくても、ショウタの J'y vais avec vous. という発言のなかに、vous が用いられていることから、ショウタが「マリアンヌたち」といっしょに行こうとしているということがわかります。ショウタとマリアンヌはここでお互いを tu で呼びあっていますから、vous はマリアンヌをふくめた複数の人物たちのことを指すとわかるからです。

**解答** ⑴ ①　　⑵ ②　　⑶ ②　　⑷ ①　　⑸ ①

221

仏検公式ガイドブックセレクション 3 級（2019-2023）

**練習問題 5**

　　・フィリップとローズの会話を 3 回聞いてください。
　　・次の (1)〜(5) について、会話の内容に一致する場合は解答欄の ① に、
　　　一致しない場合は ② にマークしてください。
　　　（メモは自由にとってかまいません）

[ 音声を聞く順番 ] 　**37** → **38** → **39**

(1) ローズは最近、テレビを買い替えたところである。

(2) ローズの考えでは、テレビにはおもしろい番組がなにもない。

(3) ローズは今でもテレビでニュース番組だけは見ている。

(4) ローズは 2 年前からスマートフォンを使っている。

(5) ローズは英語でニュースを読むこともある。

(23 春)

聞き取り試験 3

## （読まれる会話文）

Philippe : Tu regardes la télé tous les soirs ?

Rose : La télé ? Non, je n'en ai plus.

Philippe : Ah bon ?

Rose : Il n'y a rien d'intéressant à la télé. Avant, je regardais les informations, mais plus maintenant.

Philippe : Alors, comment tu fais ?

Rose : Depuis trois ans, j'utilise mon smartphone. Je lis même des informations en anglais.

Philippe : C'est vrai que c'est très pratique.

**解説** フィリップがローズにテレビを見ているかどうかを尋ねています。

(1) 「ローズは最近、テレビを買い替えたところである」については、フィリップが Tu regardes la télé tous les soirs ?「君はテレビを毎晩見てる？」と尋ねたのに対して、ローズが La télé ? Non, je n'en ai plus.「テレビ？私はもう持っていないわ」と答えていますので、対話の内容に一致しません。中性代名詞 en は〈de ＋ 名詞〉をうけることができますが、ここでは Non, je n'ai plus de télé. の de télé の部分が en になっています。

(2) 「ローズの考えでは、テレビにはおもしろい番組がなにもない」については、ローズが Il n'y a rien d'intéressant à la télé.「テレビにはおもしろいものがなにもない」と言っていますので、対話の内容に一致します。ne...rien は「なにも〜ない」という否定の表現です。形容詞 intéressant「おもしろい」は不定代名詞 rien を修飾していますが、rien、quelque chose、quelqu'un などの不定代名詞を形容詞が修飾する場合、〈不定代名詞 ＋ de ＋ 形容詞の男性形〉になります。用例として quelque chose de nouveau「何か新しいこと」、quelqu'un d'autre「だれかほかの人」などがあります。

(3) 「ローズは今でもテレビでニュース番組だけは見ている」については、

223

仏検公式ガイドブックセレクション 3 級（2019-2023）

ローズが Avant, je regardais les informations, mais plus maintenant. 「以前は（テレビの）ニュース番組を見ていたけど、今はもう見ていない」と言っていますから、対話の内容に一致しません。plus maintenant は je ne regarde plus les informations maintenant「今はもう（テレビの）ニュース番組を見ていない」という文を省略したものですが、受験者にとってはこの省略された表現の意味を理解することがむずかしかったようです。

⑷ 「ローズは 2 年前からスマートフォンを使っている」については、フィリップの Alors, comment tu fais ?「じゃあ、どうしているの」という質問に対して、ローズが Depuis trois ans, j'utilise mon smartphone. 「私は 3 年前からスマートフォンを使っている」と答えていますから、ローズがスマートフォンを使い始めたのは 2 年前ではありませんので、対話の内容に一致しません。

⑸ 「ローズは英語でニュースを読むこともある」については、ローズがフィリップに Je lis même des informations en anglais. 「私は（スマートフォンで）ニュースを英語で読むことさえある」と言っていますので、対話の内容に一致します。même は副詞で〈même ＋冠詞＋名詞〉の語順になると「～さえ、～すら」という意味になり、〈冠詞＋名詞＋ même〉の語順になると、le jour même「まさにその日」のように「まさに～」という意味になります。設問には直接かかわりませんが、フィリップの最後のせりふ C'est vrai que c'est très pratique. 「たしかにとても便利だね」の〈c'est (il est) vrai que ＋直説法〉は「たしかに～だ」という意味になります。また vrai を使った会話の表現としては、C'est pas vrai !「まさか」、à vrai dire「じつは」などがよく用いられますので、合わせて覚えておきましょう。

**解答** ⑴ ②　　⑵ ①　　⑶ ②　　⑷ ②　　⑸ ①

聞き取り試験 3

**練習問題6**

・エリーズとリュックの会話を3回聞いてください。
・次の(1)～(5)について、会話の内容に一致する場合は解答欄の①に、
　一致しない場合は②にマークしてください。
　（メモは自由にとってかまいません）

[音声を聞く順番]　**40** → **41** → **42**

(1) エリーズとリュックはもっと大きいテーブルが必要だと感じている。

(2) エリーズとリュックは丸いテーブルがいいと考えている。

(3) 新しい店は車で1時間のところにある。

(4) 新しい店は土曜日には19時まで開いている。

(5) エリーズとリュックは土曜日の昼食前に店へ行く予定である。

（19春）

仏検公式ガイドブックセレクション 3 級（2019-2023）

## （読まれる会話文）

Élise : Cette table est devenue trop petite pour nous.

Luc : Oui, c'est vrai. On en achète une plus grande ?

Élise : Oui. Et je pense qu'une table ronde ira mieux ici.

Luc : D'accord. Tu connais un bon magasin ?

Élise : Justement, il y a un nouveau magasin qui n'est pas cher. C'est
à un quart d'heure en voiture.

Luc : Est-ce qu'il est ouvert le samedi ?

Élise : Oui, il est ouvert jusqu'à 19 heures.

Luc : Bon, alors allons-y samedi après le déjeuner.

**解 説** エリーズとリュックはテーブルが小さくなったので、もっと大きなものに買い替えようとしています。ふたりの間でどのような会話がなされたのかを注意深く聞き取ってください。

⑴ 「エリーズとリュックはもっと大きいテーブルが必要だと感じている」については、エリーズが Cette table est devenue trop petite pour nous.「このテーブルは私たちにはあまりにも小さくなったね」と言ったのに対し、リュックが Oui, c'est vrai. On en achète une plus grande ?「ほんとうだね。もっと大きいのを買おうか」と提案しています。それに対して、エリーズが Oui.「そうね」と答えていますので、2 人とも大きいテーブルが必要だと感じていることが確認されますので、対話の内容に一致します。

⑵ 「エリーズとリュックは丸いテーブルがいいと考えている」については、エリーズが Et je pense qu'une table ronde ira mieux ici.「ここには丸いテーブルの方が似合うと思うわ」と言ったのに対し、リュックが D'accord.「そうだね」と答えていますので、対話の内容に一致します。

⑶ 「新しい店は車で 1 時間のところにある」については、リュックが Tu connais un bon magasin ?「いい店を知っているかい」と尋ねたのに対し、

226

聞き取り試験 3

エリーズが Justement, il y a un nouveau magasin qui n'est pas cher. C'est à un quart d'heure en voiture.「値段が高くないうってつけの新しい店があるの。車で 15 分のところ」と答えていますので、対話の内容に一致しません。

(4)「新しい店は土曜日には 19 時まで開いている」については、リュックが Est-ce qu'il est ouvert le samidi ?「その店は土曜日に開いているの？」と尋ねたのに対し、エリーズが Oui, il est ouvert jusqu'à 19 heures.「ええ、19 時まで開いてるわ」と答えていますので、対話の内容に一致します。

(5)「エリーズとリュックは土曜日の昼食前に店へ行く予定である」については、リュックが Bon, alors allons-y samedi après le déjeuner.「わかった、じゃあ、土曜日、昼食のあとに行こう」と言っていますので、対話の内容に一致しません。

**解答** (1) ①　　(2) ①　　(3) ②　　(4) ①　　(5) ②

227

文部科学省後援
実用フランス語技能検定試験
## 仏検公式ガイドブック
## セレクション 3 級
## (2019 - 2023)

## 定価 2,530 円（本体 2,300 円＋税10%）

2025 年 4 月25日 初版発行

編 者 公益財団法人　フランス語教育振興協会
発 行 者

発行所　　公益財団法人　**フランス語教育振興協会**

〒102-0073 東京都千代田区九段北 1-8-1 九段101ビル 6F
電話 (03) 3230-1603　FAX (03) 3239-3157
http://www.apefdapf.org

発売所　　(株) 駿 河 台 出 版 社

〒101-0062 東京都千代田区神田駿河台 3-7
電話 (03) 3291-1676 (代)　FAX (03) 3291-1675
http://www.e-surugadai.com
ISBN978-4-411-90316-7　C0085　￥2300E

落丁・乱丁・不良本はお取り替えいたします。
当協会に直接お申し出ください。
(許可なしにアイデアを使用し、または転載、
複製することを禁じます)
©公益財団法人　フランス語教育振興協会
Printed in Japan

# 3級の音声の聞き方

書き取り・聞き取り問題の音声の番号は以下のとおりです。

**01** 聞き取り試験 ① **練習問題 1** テオとレアの会話
**02** 聞き取り試験 ① **練習問題 1** ポーズ入り
**03** 聞き取り試験 ① **練習問題 2** トマとカミーユの会話
**04** 聞き取り試験 ① **練習問題 2** ポーズ入り
**05** 聞き取り試験 ① **練習問題 3** マリーとポールの会話
**06** 聞き取り試験 ① **練習問題 3** ポーズ入り
**07** 聞き取り試験 ① **練習問題 4** タクシーの運転手とローラの会話
**08** 聞き取り試験 ① **練習問題 4** ポーズ入り
**09** 聞き取り試験 ① **練習問題 5** シルヴィーとモーリスの会話
**10** 聞き取り試験 ① **練習問題 5** ポーズ入り
**11** 聞き取り試験 ① **練習問題 6** リュシーと父親の会話
**12** 聞き取り試験 ① **練習問題 6** ポーズ入り
**13** 聞き取り試験 ② **練習問題 1** 問題の説明
**14** 聞き取り試験 ② **練習問題 1** フランス語の文(1)〜(5)
**15** 聞き取り試験 ② **練習問題 2** 問題の説明
**16** 聞き取り試験 ② **練習問題 2** フランス語の文(1)〜(5)
**17** 聞き取り試験 ② **練習問題 3** 問題の説明
**18** 聞き取り試験 ② **練習問題 3** フランス語の文(1)〜(5)
**19** 聞き取り試験 ② **練習問題 4** 問題の説明
**20** 聞き取り試験 ② **練習問題 4** フランス語の文(1)〜(5)
**21** 聞き取り試験 ② **練習問題 5** 問題の説明
**22** 聞き取り試験 ② **練習問題 5** フランス語の文(1)〜(5)
**23** 聞き取り試験 ② **練習問題 6** 問題の説明
**24** 聞き取り試験 ② **練習問題 6** フランス語の文(1)〜(5)